読書会の教室

——本がつなげる新たな出会い　参加・開催・運営の方法

竹田信弥＋田中佳祐

晶文社

読書をしていて困難な個所にぶつかっても、わたしはいつまでも爪をかんでなんかいない。

——『モンテーニュ　エセー抄』宮下志朗訳、みすず書房、四四頁

はじめに

本書は、**これから読書会に参加したいと思っている人や、読書会を主催したいと思っている人**に向けて書かれています。

著者は、双子のライオン堂書店（東京赤坂）の店主竹田信弥とライターの田中佳祐の二人です。過去に、私たち二人は『街灯りとしての本屋』（雷鳥社）という本屋さんの新しい活動を紹介する本を書きました。

そんな私たちは、２０１３年頃から、「お店に人を呼びたい」という集客のための目的と「たくさんの本が読みたい」という自分たちの目的のために読書会を始めました。読書会を行うことで、ひとりでは読み切ることのできない本をしっかりと読むことができたり、知らない本との出会いがあったり、ただ読むだけでは得られない読書体験が広がったように感じています。

これまで、八年間で五〇〇回以上の読書会を行ってきました（２０２１年現在）。数が多ければよいというわけではありませんが、読書会を運営する上での経験値とノウハウは溜まってきました。そこで、**読書会に参加してみたい人へは不安が少なくなるようなお話を、開催してみたい人へは運営のコツをお伝えしようと、読書会についての本を作ることにしました。**

私たちは読書会の専門家ではありません。しかし、専門家ではないからこそ、私たちの経験が意味のあるものになっていると思うのです。読書会は、誰でも開催できる自由な活動だからです。

本書の構成を簡単に示します。

第一章「読書会とは?」では、読書会とはどのような活動なのかを紹介します。読書会に参加したり、開催したりする前に知っておいてほしいこと、読書会を楽しんでいる人たちの参加動機や主催者にとっての読書会の魅力などについて書きました。

第二章「読書会にはどんな種類がある?」では、様々な形式でおこなれている読書会を種類ごとに整理し紹介します。読書会における本の選び方の違いや開催形式の違いなど、実際に新しい読書会を作り上げる時のヒントになりそうなことを書きました。

第三章「読書会に参加するには?」では、はじめて読書会に参加する人や読書会に参加して不安に感じたことのある人に向けて、読書会を大いに楽しむためのポイントを紹介します。参加する前に準備しておくことや、当日困った時の対応方法、読書会が終わった後の活動などについて書きました。

第四章「読書会を開催・運営するには？」では、これから読書会を開催してみようと思っている人や自分で主催している読書会をもっと楽しいものにしたいと思っている人のために、読書会の始めかたと当日の運営のポイントを紹介します。読書会を立ち上げる時の準備方法や集客をするときに考えておくこと、当日のスムーズな司会進行のコツ、などについて書きました。

「なぜ読書会を開くのか？――主催者に聞く！」では、読書会主催者や読書会のために場を開いている方々から、開催への思いや実践的なお話を聞きました。日本最大級の読書会コミュニティ・猫町倶楽部の山本多津也さんには、読書会を開催、運営していく楽しみとコツをお聞きしました。青森県八戸市にある八戸ブックセンターには「読書会ルーム」を設置した理由、読書会が地域に与える影響についてお聞きしました。京都府出町柳にあるコミュニティースペースＧＡＣＯＨには、運営する太田陽博さんを中心に、そこで読書会や勉強会を開催する方々も交えて、共同体としての読書会についてお聞きしました。

「読書会では何が起きているか？――紙上の読書会」では、実際に参加者を募り読書会を行い、その模様を文字に起こして掲載しました。参加者が読書会を楽しんでいる様子や司会者がファシリテーションをしている様子がそのまま収められています。読書会の雰囲気を味わってください。また、司会者へのヒントや当日の運営のポイントも一緒に載せています。

「読書と読書会について本気出して考えてみた」では、二つの座談会を掲載しています。ひとつは、書評家の倉本さおりさんと書評家の長瀬海さん、そして私たち二人も加わって、「みんなで本を読むとこんなに楽しいんだ！」ということを話し合いました。もうひとつは、ＧＡＣＣＯＨの読書会を主催している方々に、対話の場としての読書会について大いに語ってもらいました。これを読めば、すぐにでも読書会がしたくなるはずです。

付録「必携・読書会ノート――コピーして活用しよう」は、読書会のときに持っていると役に立つノートを考えてみました。コピーして実際に書き込んで使っていただきたいです。

他にもコラムを掲載しています。安村正也さんと岡野裕行さんに、本を持ち寄って紹介するゲーム形式のイベント「ビブリオバトル」について寄稿いただきました。谷澤茜さんには、作家や翻訳者と共に本を楽しむ「はじめての読書会」について開催の動機などを寄稿いただきました。

執筆の担当については、「はじめに」は竹田、「おわりに」は田中が書いています。それ以外の章は全て二人で協力して執筆しました。

最後に、私竹田の個人的なことを少しだけ書きます。

いま、私は読書会が大好きです。自分が運営する書店のリニューアル時に読書会をするためのスペースを確保するほど、どっぷりハマっています。読書会を毎月何回も開催していて、お店にとって顔になっていると言っても過言ではありません。しかし、そんな私ですが当初は読書会に否定的な考えを持っていました。

今でも覚えています。お客さんの少ないお店を心配した、この本の共著者である田中が「いま読書会というのが流行っているらしいですよ。お店でもやってみたらどうですか」と提案してくれました。読書会自体は知っていましたし、何度か参加したこともありました。しかし、当時は自分のお店で読書会を行うことに抵抗感があったのです。

理由は、ふたつあります。ひとつは、人見知りで、初めて会った人と話をするのが苦手だから。もうひとつは、課題本を選ぶということに抵抗感があったからです。ある特定の一冊の本を自分が選び、課題本とすることが、これを読みましょうと押し付けているようで、あまりよいことではないような気がしたのです。

これらはとんだ誤解でした。

読書会だからこそ、人と話すことが苦じゃない。本が中心の会話なので、無理にプライベートなことを聞いたり話したりしなくていいのです。

また、課題本を選ぶのが嫌だったとしたら無理に自分ひとりで決める必要はありません。主催が本を選ばず、参加者に紹介してもらう形式もあります。読書会の開催方法にルールはありません。よく考えてみれば、書店は世の中にある大量の本からお店に置く本を選んでいて、選書しているんです。こんな当たり前のことも読書会を行ったことで、参加者から教えてもらいました。

他にも、たくさんのよい発見がありました。たとえば**「知らない作品に出会える」「読書仲間が増える」「読書会から新しいイベントが立ち上がる」「初対面の人でも本の話ならできる」**などです。

そして、本書で読者のみなさんに一番お伝えしたいことは**「読書会は、参加するのも楽しいけれど、自分で主催するともっと楽しい」**ということです。

読書会には、本が好きな人が集まります。一方で、そうでない人も参加してくれます。友達を作りたい、おしゃべりがしたい、行きつけの場所を作りたい、勉強したい、仕事に役立てたい、などなどいろんな目的で人は読書会に参加するのです。

本書を読み終わった頃には、読者のみなさんが読書会をはじめたくなっていると嬉しいです。

あなたも近くにいる人と読書会を一緒にやってみてください。

竹田信弥

目次

第3章

読書会に参加するには?

41

第4章 読書会を開催・運営するには？

第1章
読書会とは？

「読書会」とは一体なんでしょうか？

現在、たくさんの読書会が行われています。読書が好きな人々が本を紹介し合ったり、ビジネスマンが集まって特定の本をテーマに勉強会を行ったり、図書館や学校で教育のために本を読みディスカッションをしたり、など。そして、昔々の日本では、有名な歌人や作家が残した文芸作品を楽しむとともに創作を行う会が行われていました。外国の書店では会員を募集しその人たちに向けて本を選び、集まって話し合う会が行われています。いずれも「本をテーマに人々が集まる会」であることが共通点となっています。

本書は「読書会とはこうあるべきである」という私たちの主張を押しつけるものではありません。みなさんがこれから参加し、主催するであろう未来の読書会にとって少しでも力になれればと思い、助けになりそうなことをまとめた本です。この本に書かれたヒントにして、自由に読書会を楽しんでください。

とはいえ「読書の会は自由ですからとにかく何でもいいんですよ」と言うだけでは、荒唐無稽な話になってしまいますから、**一つだけ読書会について提案してみます。「本を読むことが目的に**

なっている集まり」を、本書では読書会と呼んでみようと思います。

読書会に参加したり、企画したりしたいと思っている人の中にはさまざまな動機があるでしょう。「〆切ができるので、一冊の本を読み切れる」とか「趣味の合う人に出会うことができる」とか「双方向のコミュニケーションがとれるイベントをしたい」とか「自分の好きな作品を広めたい」とか、「誰かの好きな本と向き合いたい」とか。誰かと本について語り合う同じ時間を共有したい、という思いから読書会が開催されるのだと思います。

私たちが読書会を行っている一番の理由は、自分ひとりでは読めない本に挑戦したいからです。忙しい日々を送っていると本を読む時間が減ってしまいます。ついつい、次のページをめくる手が止まってしまうのですが、読書会があると不思議と一冊の本を読み切ることができるのです。

ひとりで読書をしていると諦めてしまいそうになる本でも「みんなと感想を話すんだ」と思うと読み進められますし、他人に話をすることが前提になっていると本の新しい魅力が見つかります。もしかしたら、カフェで勉強をしたり、スポーツジムで筋トレをしたりする場面に似ているのかもしれません。

私たち本が好きなただの社会人です。読書会を研究している専門家ではありません。そんな普通の読者である私たちが、何百回も読書会を続けることができ、たくさんの本に出会えた読書会には底知れぬ魅力があります。

読書会は本が主役

少しだけ話が逸れてしまいました。

「読書会とはなにか？」についてもう少し考えてみたいと思います。

本が主役ということ以外、読書会に決まったルールはありません。

こうしなければならないという決まりはないのですから、どんな場所でも行うことができます。立派なイベント会場やおしゃれなカフェが絶対に必要なわけではありません。もちろん、そういった場所もよいでしょう。しかし、友達とコンビニに行く途中に本の感想を話している時間だって、読書会と言ってよいのです。

少し大袈裟に書いてしまいました。**二人いればもう読書会だとお伝えしたかったのです。**一〇〇人規模の読書会も楽しいですが、たった二人でも楽しい時間を過ごせることが読書会の懐の深いところです。

では、読書会の当日はどのようなことが行われるのでしょうか。

友達となにげなく本の話をしたときのことを思い出してください。本について語っているうちに話がどんどん逸れていく経験をしたことはありませんか？　読書会でも同じことが起きます。本の話をしていたはずなのに、異なる話に発展していく。だけど、結局最後にはちゃんと本につながる、そんな不思議な時間が読書会の場では共有されます。

読書会では、本を中心に、様々な話題に移り変わりながら対話が行われています。

読書会を主催したり参加したりしたいと思う動機はさまざまだと思いますが、私たちの経験から、読書会を楽しんでいる人の参加目的や動機を挙げてみるとこのような感じでしょうか。

「本の話をしたい」「他の人の感想を聞きたい」「ネットの紹介記事では物足りない、生の読者の声を聞きたい」「普段本は読まないけど、何か一冊挑戦してみたい」「自分の知らない作品を知りたい」「特定の本をテーマに、社会問題について考えてみたい」「仕事や学校の勉強がひとりでは続かないけど、誰かと一緒だったら継続できそう」「本を介したコミュニケーションをしてみたい」「普段、仕事では出会わない新しい分野を知りたい」「世代に関係なく友達をつくりたい」「本や本屋さんを応援したい」「会社の研修や学校の授業で活用したい」「初対面の人とのコミュニケーションが苦手だけど話したい（自分の話をしなくても作品の話をすればよいので、恥ずかしくないのかもしれません）」

ここに書いた動機は、ほんの一例です。背景の異なる、多くの思いを抱えた人が読書会には集まります。

読書会は二人以上であれば何人でもできますし、同じ本を繰り返し読んだとしても参加者が違えばまた違った体験となります。**「本」と「人」、この掛け算の結果、たくさんの読書会が生み出されていくことでしょう。あなたにしかできない読書会がきっとあるはずです。**

本をテーマにしたコミュニケーションはずーっと昔から行われていますが、まだまだ未開の地でもあるのだと思います。

最後に、なぜ私たちがこのようにたくさん読書会を続けていられるのか、いつも感じている読書会の魅力についてお伝えしようと思います。

読書会では、本について話しているだけなのに、相手の考えを深く知ることができたり、自分自身の思いを再発見したりすることができます。面と向かって真剣に話すのは気恥ずかしいことでも、ついつい読書会では話してしまうのです。初対面の人と話していても仲のよい友人と話していても、新しい一面を見つけることができます。

そして、なによりも大きな魅力は繰り返し参加していくうちに、本のことがどんどん好きになることです。参加すると次に読みたくなる一冊が見つかりますし、そこで取り上げられていた本のことをもっと知りたくなります。もっともっと本が読みたくなっていくのです。ひとりで読書を続けることも楽しいですが、誰かと一緒に読む体験は、本を読まない人にとっては読書好きになるキッカケを与えてくれますし、読書家にとっては読書の時間を肯定してくれる経験となります。

読書会は、人と出会い、本と出会う場なのです。

第2章

読書会にはどんな種類がある？

読書会にもいろいろある

この章では、読書会の種類についてご紹介しようと思います。

読書会と聞いて、どんな風景を思い浮かべるでしょうか？　みんなで同じ本を読んで感想を話したり、参加者それぞれが本を持ち寄って紹介し合ったり、人が集まりそこに本の話題があればどんな形式でも読書会です。決まりごとはないと思いますが、私たちなりに考えた分類をお伝えしようと思います。

これからご紹介するのは「正解」ではありません。読書会に参加してみたい、読書会を主催してみたい、と思う人へ向けたアイデア集のようなものです。

読書会にはたくさんの要素があります。本の選び方、進行方法、開催する場所などなど。

基本的な読書会の流れでは「参加者の自己紹介」「本についてのトークタイム」の時間がありますが、その他にたくさんの工夫をすることができます。

◉読書会の流れの例

・読書会についての説明・注意事項の共有
・参加者の自己紹介
・主催者による課題本の紹介
・ひとりずつ感想を話す
・フリートーク（他人の感想について気になることを質問したり、司会が話題を投げかけたりする）
・最後に一言感想タイム（今日の感想や、言い残したことなどを話す）

いま示したものは、ほんの一例です。

さまざまな形式の読書会について紹介するために、いくつかの分類方法を考えてみました。これから示す「選書方法による分類」と「形式による分類」を組み合わせることで、たくさんの読書会のアイデアを生み出すことができると思います。

選書方法による分類

本の選び方には、二種類あります。自分（主催者など）が選ぶか、自分以外の人（参加者など）が選ぶ

かの二種類です。

自分で選ぶものを「課題本方式」、自分以外の人が選ぶものを「持ち込み方式」と名付けてみたいと思います。なんだか固い感じの名称になってしまったので「いっしょに読もう読書会」（課題本方式）と「教えてくださいね読書会」（持ち込み方式）と呼んでもよいかもしれません。もちろん例外もあると思います。これ以外に必要な分類方法やもっとよい名前を思いついた方は、ぜひ私たちにご連絡ください。

◉課題本方式

課題本方式では、主催者などが事前に本を選定した上で参加者を募ります。たとえば、参加者に対して書名を伝え、事前に読んできてもらい、感想を交換したり、当日その場で主催者などが課題となっている本の解説をした上で、参加者とディスカッションをしたりするなどの方法が考えられます。

アイデア例

タイトル：『銀河鉄道の夜』の読書会

紹介文：事前に作品を読んできてください。当日、みなさんと感想を話し合います。

タイトル：『檸檬』の手ぶらで来られる読書会
紹介文：当日、みなさんと『檸檬』を読みます。その場で一緒に読んで、感想を話し合います。

タイトル：『ソクラテスの弁明』の勉強会
紹介文：当日、主催者がレジュメをつかって本書を紹介します。本の内容を元にみなさんでディスカッションしましょう。

◉持ち込み方式

持ち込み方式とは、主催者は本を選ぶことなく、参加者などが本を選定する方法です。たとえば、参加者が自分の持っている本を持ち込んで紹介し合ったり、持ち込んだ本を使ってコミュニケーションゲームをしたりするなどの方法が考えられます。

アイデア例
タイトル：「クリスマスにピッタリな本」の読書会
紹介文：読書会のテーマに合った本を一冊持ってきてください。当日、みなさんにはその本が読みたくなるようなプレゼンをしてもらいます。

タイトル：「ビジネス本」の交換会
紹介文：自分の仕事で役に立った本を持ってきてください、参加者同士で本を交換します。
　交換後には受け取った人同士で紹介し合います。

タイトル：「ジャケ買い」読書会
紹介文：本屋さんに集合して、その場で気になった本を購入します。その後カフェに移動して買った本を紹介し合います。

課題本方式と持ち込み方式の特徴について

課題本方式のよいところは、**初対面の人同士でも共通の話題があることです**。参加してくれた全員が同じ本を共有するのですから、自己紹介なんてなくたって自然におしゃべりが始まります。本の選び方によって、参加する人の興味関心やお話するテーマなどもある程度予想することができるでしょう。読了（本を読み終えること）した人のみが参加できるようにするのか、読んだことのない人も参加してよいのかなど条件設定の仕方によって、参加のハードルをコントロールすることもできます。未読でも参加できる方法をとる場合、主催者が作品の紹介をしたり、資料を用意したり、など準備を行う必要があります。課題本にした本の作者や編集者が参加・協力してくれることもあります。楽しい時間を演出するしかけとして、課題本に登場したお菓子や料理を準備する、関係のある場所で開催するなど、読書会を楽しむ要素を追加することもできます。

持ち込み方式のよいところは、気軽に参加できることです。また、準備も課題本方式に比べれば少なく済みますので気軽に開催することができます。参加してくれる人たちがコンテンツを持ってきてくれるのですから、**主催者は参加者が安心して話せる環境づくりをするだけです**。テーマを決めて「プレゼントしたい本」「夏に読みたい本」などのお題にそった本を持ち込んでもらうことが多いですが、どんな人が参加してどんな本の話になるかはコントロールしにくいので注意が必要です。参加者に共通の話題がありませんので、本の話に入る前にアイスブレイクやワークショップを導入する、工夫をした自己紹介をする、本の紹介の仕方に遊びを入れる、など、コミュニケーションをとりやすくする配慮が必要でしょう。学校や会社など、メンバーがあらかじめ分かっている状況で行う場合と、だれでも参加できるイベントとして行う場合では、当日の雰囲気が違うと思います。参加してくれる人をイメージして当日の設計をするとよいでしょう。また、気軽に参加・開催できる点を活かして、他のイベントの待ち時間や交流会の時間に、持ち込み方式の読書会を行うこともできます。

開催形式による分類

ここからは、本の選び方以外の分類について書いていこうと思います。読書会を行うためには「環境」や「参加対象者」などさまざまなことを考える必要があります。

読書会を開催したい人にはそれぞれの理由があると思います。とにかくたくさんの本を読みたい人、お店を盛り上げるためにやりたい人、本の著者を応援したい人、自分の研究や勉強のために行いたい人などなど。自分の読書会の目的を考えながら、イメージに合う形式を選んでみてください。

◉場所

開催場所は読書会にとって、非常に重要だと思います。本を読むときに、場所によって印象が異なるように、**読書会もシチュエーションによって異なる体験となります**。電車の中で読んだ『銀河鉄道の夜』、寒い冬の公園で読んだ『銀河鉄道の夜』、宇宙船の中で読んだ『銀河鉄道の夜』、同じ作品でもきっと感想が違ってくることでしょう。

・オフライン（実会場）

実会場で行う読書会です。一番多く行われている形式だと思います。簡単に借りられる場所は、地域の公民館などの公共施設やレンタル会場でしょう。晴れた日であれば、大きな公園や海や川に集まって、野外読書会もとても楽しいですよ。カフェなどの飲食店や本屋、図書館なども読書会の会場として利用されます。飲食が可能な場所であれば、本に合わせたメニューをみんなで食べながらおしゃべりするなど、本について話す以外の楽しみも生まれます。また、読書会で知り合った参加者同士で交流会を行うのであれば、スムーズに移行することができるでしょう。

読書会では**休憩時間を上手に使うと盛り上がる**ことが多いと思います。感想発表の合間の休憩時間に、隣の人と会話が弾むことが多いです。当日のスケジュール設計に迷ったら、休憩時間を入れましょう！　休憩時間に、退屈にならない環境を選ぶというのも、大切なことかもしれません。

例：レンタル会場、公民館、学校、オフィス、図書館、本屋、美術館、博物館、カフェ、バー、レストラン、自宅、居酒屋、公園、海、川、森、散歩しながら、友達の家、道、プール、など

・オンライン

電話や通話ソフトなどを使って行う読書会です。世界中どこからでも参加できます。私たちは友人とよくオンラインで読書会を行っています。遠方に住む友達とお話するキッカケになってい

ます。会議ツールにはアンケート機能や、グループ分けの機能などもあります。オフラインの代替ではなくオンラインならではの工夫があると楽しんでもらえるかもしれません。実会場を用意しなくてよいので、場所の費用が安く済みますし、二人でも一〇〇人でも、参加者を柔軟に受け入れることができます。

また、特定の場所に移動しなくても参加できますから、お昼休みや朝の時間など**すきま時間で気軽に始めやすい**こともメリットでしょう。実際、私たちも会社の休み時間に参加してもらうことを目的に、お昼の時間に読書会を行ったことがあります。主催者としては人の顔を見ながら行う方が司会がしやすいと思いますが、オンラインイベントで「顔出し」をすることに抵抗感がある人もいるかもしれません。カメラをONにしてほしいか、どちらでもよいか告知文に記載しておくとよいでしょう。

課題として、開催場所による個性を出しにくいので集客の工夫が必要かもしれません。オンラインになると通信のラグなどにより、会話のテンポが難しく感じることもあるでしょう。同じテーマで読書会をすることで連続参加者を増やしたり、参加者の一体感を高めるために、その本について熱く語れる友人やメディアでその本のファンだと公言している人にゲストとして参加してもらったりしてもよいかもしれません。

例：電話、パソコンやスマートフォンで利用できる通話ソフト（LINE・Zoom・Microsoft Teams・

Discord など）

〈オンライン開催のポイント1〉

オンラインでの読書会の場合は会の初めに、トラブルが発生した場合にどう行動してほしいかを伝えておきましょう。たとえば、主催者の通信トラブルによって、オンラインの会場が使えなくなった場合は、少し時間をおいて再度アクセスしてもらうなど。なので、使うアプリやサービスの説明書は事前にしっかり読んでおきましょう。


〈オンライン開催のポイント2〉

オンライン読書会は、参加者が使用するツール等に慣れていないと、司会に少しコツが必要です。複数の参加者で同時に話をすると音声が途切れたり、発言が重なったりして聞こえなくなってしまうので、自由な議論には向いていません。司会者が話題を適宜ふってあげたり、誰に回答を求めているか名指ししたりするとよいです。答えのあるものを聞いていく方がよいかもしれません。

もう一つ重要なことは、司会の音声です。仮に、参加者の声が聞こえなくなったり、遅延があったりしても、司会が対処できます。しかし司会の音声が聞き取れないと、進行に支障がでるので、性能のよいマイク、配信環境の整ったパソコンやネット環境を心がけましょう。

・集まらない方式

これまで、みんなで会話をする読書会について書いてきましたが、会話をしない読書会もあります。本当に読書会と呼んでよいのか微妙なところですが、やってみると楽しいのでこの本では読書会としています。交換日記や手紙、メール、SNS、オフィスソフトの共有機能など文章で行う読書会です。手紙形式の読書会は、文豪同士の文通みたいでとても楽しいです。超有名作家になった気持ちで手紙を綴りましょう。メールであれば知らない人とも文通読書会を楽しむことができます。SNSやオフィスソフトの共有機能を使った読書会は、不特定多数の人と感想を交換することができます。短い文章であれば気軽に開催することができますが、期限やテーマをしっかりと決めないと参加者を集めるのが難しい側面もあります。インタラクティブな仕掛けをどう設計するかが、楽しみをつくるポイントかもしれません。

例：交換日記、手紙を使った文通、メールを使った文通、SNS（ツイッター、フェイスブックなど）、インターネット掲示板、読書の感想を投稿するアプリ（読書メーターやブクログといった読書アプリなど）

◉関係者

どんな人を集めたいのかというのも読書会を設計する上で考える必要があります。当たり前のことですが、参加したいと思ってくれる人がいなければ成り立ちません。**読書会に関わる人は「主催者」「参加者」「協力者」の三つに分けることができます。**「協力者」とはゲストや会場を貸してくれる人などです。どんな人と一緒に読書会を行うのか、どんな人に来てほしいのかを考えておくことはとても大切だと思います。特に長く続けていくならば、どんな人たちに参加してほしいかをあらかじめ決めておきましょう。続けていくなかで変化することはあると思いますが、最初にしっかりと決めておくことが肝心です。

・対象者を限定する／しない

読書会にはだれでも参加できるものと、対象者を限定するものがあります。たとえば、友人だけを誘って行う読書会、学校や会社のメンバーに向けた読書会など。読書会は本を楽しむことが目的ですから、**必ずしもたくさんの人が集まればよいというものではありません。**少人数でも友人を誘って行った方が盛り上がるものもあるでしょう。

また、参加者にドレスコードを設ける（猫町倶楽部の読書会がこの工夫をしています）、手料理を一品持ってきてもらう（書店 BREWBOOKS の読書会で行われています）など、参加条件を読書会を盛り上げるための工夫として加えるというのもあります。

・講師や著者などのゲストを呼ぶ／呼ばない

読書会はだれでも開催できるものですが、ゲストを呼ぶことでより専門的な内容とすることもできます。学校で開催するのであれば先生に協力してもらうことができるでしょう。勉強会の先生として解説をしてもらう講師を呼ぶこともあれば、読者とのコミュニケーションのため一緒に感想を共有するゲストを呼ぶこともあります。依頼をする場合には、**読書会でどんな役割を担ってほしいかをあらかじめ伝えましょう。**著者などを呼ぶ場合は、ゲストの著作はすべて読んでおきましょう。

また、読書会のよいところは「**間違えた読書**」をすることができる点にあると思います。他の参加者の話を聞いて新しい読み方を発見したり、自分の読解が違っていたことに気がついたりすることがあります。本を理解したつもりになっていたけれど「もしかして違ってたかも？」と思う瞬間です。読書会は自由な場ですから、ちょっと間違えちゃってもよいのです。このような経験をするとまた繰り返し読んでみようとか、別の本を読んでみようとか、もっともっと本が読みたくなります。ゲストを呼んでも呼ばなくても「もしかして自分の読みは、違ってたかも！」と思う瞬間を大切にするとよいかもしれません。

▶読書会の要素と分類◀

選書方法は?	課題本方式
	持ち込み方式
場所は?	実会場（オフライン）
	オンライン
	集まらない方式
回数は?	一回きり
	複数回
参加者は?	対象者を限定する
	対象者を限定しない
ゲストは?	講師や著者などの ゲストがいる・招く
	ゲストがいない・招かない

◉回数

・一回きり／複数回

読書会には、一回で完結するものもあれば継続して行うものもあります。継続して行うものとは、シリーズ作品を各巻ごとに連続して読むものや同じ作家の作品を読み続けるものなどです。また、テーマを設定して複数の本を読む読書会もあります。たとえば「日記文学読書会」としてさまざまな日記文学を読むなど。複数回の読書会では、連続参加者が集まり前回の内容を踏まえたより詳しい話題を扱うことができますし「宮沢賢治の作品を全部読む」など目標に向かってみんなで挑戦する楽しみもあります。一回きりの読書会に慣れてきたら、複数回読書会も企画してみてはどうでしょうか。注意点として、途中で参加者が少なくなることもあるので友人などと一緒に始めるとよいでしょう。そうすれば、読書会当日にひとりぼっちになってしまうことはありません から。

ちょっと変わった読書会のアイデア

先ほどまでは分類を示しながらいろいろな読書会について書いてきました。ここでは、私たちが実際に行ってきたちょっと変わった読書会を紹介したいと思います。具体的なアイデアを、みなさんの読書会づくりに活用してください。

・未読書会

発売前の本についての読書会。映画の試写会をイメージして始めました。誰ひとり読んだことのない本について、出版社や著者をゲストに呼びみんなで話し合います。私たちは発売前の小説をテーマに行いました。当日は目次や本文の一部を読むことができたり、出版社の方がお土産の冊子をつくってきてくれたりして盛り上がりました。その場でつくった人の熱意を聞くことができるところが面白いです。また発売前のため、内容を知っている人が参加者にいないのでみんなフラットに話すことができます。応援したい本がある場合は、出版社などに依頼してみましょう。

・その場で読む読書会

参加当日に本を読む読書会。忙しい生活の中でなかなか本を読む時間がないな、でも読みたいなという人に参加してほしいと思い考えました。一〇分程度で読める短編小説をその場で読んで、感想を話し合います。私たちの場合は、インターネットで公開されている著作権が切れた作品を課題本にしました。

・連続する読書会

作家の全作品やテーマに沿った複数の本などを課題本として数回の読書会を行います。私たちは、ドストエフスキーの長編を全部読む会、古典哲学を一年かけて読む会などを開催しました。連続する読書会では、共通の読書体験が積み重なっていくので、より深い内容について話すことができるようになります。また、同じ作品やテーマについて触れてきた仲間ができるので、読書会から派生して一緒に映画鑑賞をしたり、博物館に行ったりしました。

・全集を読む読書会

ひとりで読むにはハードルの高い、文学全集に挑戦する読書会です。私たちは新しく刊行された全三〇巻以上の全集を選んで、発売日の翌月に集まるというルールで始めました。一冊五〇〇ページの本を毎月のように読んでいくのはトレーニングのような体験でしたが、とてつもなく面白い読書会になりました。参加人数は多くありませんでしたが、参加してくれた人たちは、大切な読書会仲間になっています。

・読むだけ読書会

本当に読むだけの読書会です。集合したら、自己紹介をして読書タイムがスタート。一時間会話をせずに、各々静かに本を読み続けます。時間になったら、ちょっとだけ感想を話し合って解散。私たちは、積読している本を持ち寄って一時間だけ読む会や、読み切るのが難しいと言われているプルーストの『失われた時を求めて』をただ読むだけの会を行いました。

・画集の読書会

芸術家の画集を元に読書会を行いました。描かれている作品の感想や解説などについて意見を交換します。開催の前には会が成り立つのか不安もありましたが、始めてみると面白かったです。大きな画集をテーブルに広げて、作品を見ながら話し合うのはとても楽しいです。画集を買う人はそれほど多くないためか、マニアックな話に花が咲きました。

・二四時間読書会

読書に関する企画を一二個考えて二四時間連続で実施しました。短編小説を課題本にしたり、本を紹介し合ったり、その場で詩を創作したり、本をテーマにしたボードゲームをしたり、物語に関係のあるお菓子でお茶会をしたりしました。とても大変です、決しておすすめはしません。

Column

はじめての海外文学

谷澤茜

『はじめての海外文学』という、「日本の小説はそこそこ読んでいるけれど海外の小説はちょっと苦手」という海外文学ビギナーに、翻訳者の方たちがとっておきの一冊をおすすめする書店横断フェアを主催している谷澤茜と申します。

突然ですが、「どうして大人になると、子供の自転車の練習みたいに補助輪がついた状態から始められる機会が少ないのだろう?」と思ったことはありませんか?

私は子供のころは読書が嫌いで、デザイン学校の製本の授業で本作りが好きになり、活字は苦手だけど、装丁は大好き! という本当に何も知識のない状態で書店で働きはじめたので、何をするにも他の人より知らない、ということがコンプレックスでした。

あるとき、読書家の友人に「読書会って興味ある?」と聞かれて、行ってみたいけれど、見学っていう制度はないよね? 考えがまとまってないのに急に意見を求められたり、自分だけみんなと違うことを言ってしまったらどうしよう? と怖くなったりして、結局読書会デビューはできないままになっていました。でも同時に、初心者でも居心地がよくて怖くない読書会を『はじめての海外文学』の選書を通じてやってみたくなったのです。

集客と、読書会の猛者みたいな人が来たらどうしようという心配はありましたが、『発言しなくてもいい　はじめての読書会』というイベント名でツイッターで参加者を募集するとすぐに満員になりました。読書会の中身は、「これだったら行けそう」という自分の気持ちを基準にしました。最初の一時間は司会の書評家・登壇者の翻訳者と書店員の方たちに模擬読書会をしてもらい、参加者は見学。残りの一時間は発言できそうな人にだけしてもらいます。もし誰も発言しないときは登壇者にわいわい喋ってもらおうと思っていたら、前半の模擬読書会でコツをつかんだのか、意外とよく発言してくれるのです。おかげで毎回とても楽しい読書会になっています。

この読書会は私のコンプレックスから生まれたものです。何かを長年続けて、それが上手になってくると、できなかったころのことを忘れてしまいます。上を目指すのはよいことですが、ビギナーや仲間を増やすことを目的にしたときは、もう一度初心を思い出すことが必要なのかもしれません。私はこれからも扉をガバッと開いて、怖くない読書会でみなさまをお待ちしております。

第3章

読書会に参加するには？

読書会との出会い方・探し方

読書会に参加しようと思ったらまずなにから始めたらよいでしょうか。せっかくなら自分に少しでも合っている読書会を選びたいものです。インターネットで読書会と検索してみてもよいですし、地元の図書館などに行ってみるのもありでしょう。

◉インターネットで探す

本屋さんや図書館、出版社、著者などが読書会の情報を発信しています。興味のあるそれらの公式サイトやSNSをチェックしてみましょう。また、イベント告知サイト（インターネット上で、集客やチケット販売ができるサイト。Peatix・PassMarket など）を見てみましょう。検索窓に「読書会」や本のタイトルを入れれば、募集しているイベントを表示してくれます。気になるものがみつかったら読書会の形式や課題本、会の趣旨などを確認しましょう（サイトによっては会員登録が必要な場合があります。登録することで、次回からお知らせがもらえます）。さまざまな読書会を紹介するポータルサイトも増えているので活用してもよいかもしれません。

お住まいの地域の名前と「読書会」で調べる方法もあります。先述のポータルサイトは、すべての読書会を網羅して掲載しているわけではありません。参加者を募集している読書会は、独自の募集サイトをつくっていることもあるので、参加したい地域が決まっていれば「地域＋読書会」と検索した方が、参加しやすいものがみつかるかもしれません。地域に読書会がない場合もあると思うので、そのときは「オンライン読書会」で検索すれば場所に関係なく自分に合った読書会と出会える確率が上がります。

◉リアルで探す

インターネット以外で読書会と出会う方法もあります。

たとえば、地元の図書館や公民館、文学館などに行ってみましょう。館自体が主催となって読書会をやっている場合もありますし、地域の有志が行っている読書会のお知らせと出会うこともあります。

本屋さんに聞くのもよいかもしれません。お客さんとの交流を積極的に行っている本屋さんは、近くで開催している読書会の情報を知っている可能性があります。本屋さんが主催でやっていることもあります。稀な例ですが、読書会の話をお客さんから聞いて、一緒に読書会を始めた本屋さんもいました。

◉友達を頼る

すでに読書会に行ったことのある人に同行するという方法もあります。あらかじめ会の雰囲気を知ることができるので、緊張せずに参加できるでしょう。

一方で、知らない場所に友達と行くのも楽しいので、読書会に参加したことのない友人を誘って参加するのもよいと思います。

◉まとめ

自分にとってよい読書会を見つけるコツは、**一つに絞らずに複数の読書会に実際に参加する**ことではないでしょうか。主催者はもちろん、そのときの参加者によっても雰囲気が全然違います。同じ読書会に複数回行ってもよいですし、別の読書会にいろいろ参加してもよいです。事前に主催者を調べたり、過去の開催記録などがあればそれを読んだり、どんな人がどんな思いでやっているかを知るとスムーズに参加できると思います。

どうしても自分に合った読書会が見つからないこともあるでしょう。また、気になった読書会がタイミングが合わない、遠方の場合もあるでしょう。そんなときには、自分で主催してみてはいかがでしょうか？（開催の仕方は、六三頁へ！）

行くまでの準備

読書会参加者の準備として一番に伝えたいことは、そんなに準備しなくてよいということです。**大切なことは本を楽しむことです**。楽しんで読めたら、それで準備完了です。

とはいえ、それだと本書の役割がなくなってしまうので、もう少し詳しく楽しく参加できるヒントを書いていきます。

◉参加を決めたら、まず本を入手せよ！

参加する読書会が決まったら、まずは本を用意します。

忙しさで本が読めないことも多いと思います。早めに手に入れて読書時間を確保することで読了しやすくなります。おすすめは、参加することを決めたら、**どんな手段でもその日に課題の本を入手してしまうことです**。手元に本があるのとないのでは意識が全然違います。

主催者としての経験上、読書会のキャンセル理由として「当日までに読み終わらなかった」という人が結構多いです。あとで読み終わらなかった理由を聞いてみると、一週間前に買おうとしたら前日に届いたというケースや、本が見つからなかったので、ということがありました。これは双方にとって残念なことです。主催者は、どんな感想であってもあなたの言葉を聞きたいと思っています。

◉課題本は買った方がよいか、図書館で借りてもよいか

課題本は借りたものでもよいのですか？　と聞かれることがあります。本は入手しやすいものでよいと思います。

私たちの経験では、可能であれば、課題本は買った方が長く楽しめます。ふとしたときに本を開いてパラパラ見返すと、あのときの読書会であの人はこんなこと言ってたっけ、なんて思い出すこともできるのです。手元にあると読書会の記憶が残りやすくなります。また、書き込んだりもできます。本の書き込みに抵抗がある人もいるかと思います。しかし、人と感想を話すために本を読むことなんてそうそうあることではないので、**書き込みをすることであなただけの思い出の一冊になるでしょう**。

たくさんの読書会に出るためにも、図書館を活用するのもとってもよいと思います。図書館には、リクエストサービスや地域の図書館に蔵書を取り寄せられるサービスがあります。蔵書が少ない図書館でも聞いてみると意外と借りられることが多いです。

買った本なのか、借りた本なのか、新しい本なのか古本なのか、を選ぶことも読書会に行く前の楽しみです。どんな風にこの本を手に取ったのかというエピソードを読書会で話すと、それぞれ違った出会いから同じ場所に集まったんだと実感できて盛り上がります。

◉とにかく課題本を読もう！

手元に本を確保したら、とにかく読みましょう。これは鉄則です。**まず、読むのです。**

読書会に決まったルールはありません。主催者によってさまざまで、いろんなやり方が存在します。読み終わることを条件にしていない、まったく読まなくてもよいものもあります。ただし、あえて読まないことを推奨している読書会以外では、しっかり読んでから参加した方が楽しめると思います。

読了していないと、他の人が話している場面やセリフの話に、ついていけなくなります。また「読んでないのにこんなにしゃべっていいのかな」「感想言ってもいいのかな」という不安が出てきます。そうすると一〇〇パーセント楽しむことはできません。**一通り読みさえしてしまえば、著者が来ようが、専門分野の先生が来ようが、誰でもいち参加者としてフラットな立場で感想を話すことができるのです。これが読書会の魅力でもあります。**

◉気になったところはメモをとる

先にも書いたことと通じますが、読んでいる途中、読み終わったあと、メモを残すのは有効です。読書会当日に話したかったことが、記憶からとんでしまうことはよくあります。緊張もあるでしょうし、いろんな人がいろんな話をするので、話題も次から次へと変わっていき、結構頭を使います。自分が少し前に考えたことなどあっという間に上書きされてしまうのです。せっかくの疑問や質問は、記録しておきましょう。

メモのポイントですが、たとえば、自分と著者の意見とが違う場合はその差異について。読んでいて思い出した思い出話。連想した別の小説のシーン、買った書店、借りた人などなんでもかまいません。

読書感想文を書く必要はありません。印象に残ったページやセリフだけでもメモをとっておく。ふせんを貼るだけでもよいかと思います（図書館で借りた本にふせんを貼ってはいけません）。**自分の本であれば、書き込むのもおすすめです。**当日ペラペラめくると、読んだときの記憶とメモで話したかったことも鮮明に蘇ってくるでしょう。

ノートにメモするのか、パソコンなのか、本に書き込むのか、それとも一切メモをとらないのか、そんなポイントにも読書の個性が出ますので、当日の話題にしてもよいかもしれません。

自分の感想が普段は上手く出てこない人でも、誰かに話をしようと思って読書をすると漠然としていた言葉がまとまったり、新しい感想が見つかったりすることもあります。ささいなこともメモしておくと読書会をよりいっそう楽しめます。

◉持ち込み方式の読書会のコツ

持ち込み方式の読書会選びで大事なことは、読書会の雰囲気をつかむこと。

過去の参加者が紹介した本を調べたり、主催の人に聞いたりしてもよいかもしれません。

参加する人の傾向（文学好き、ビジネス本好き、マンガ好き）などを知ると、自分が参加したい読書会が見つかりやすくなります。

初めて参加する場合は、テーマのない自由な読書会よりは、ジャンルやテーマが具体的に設定されている読書会に参加するとよいかもしれません。初めて参加するときに、持っていく本をゼロから考えるのはなかなか難しいものです。

持ち込み方式の読書会では、自分の発表時間が決まっていることが多いので、自分の意見をまとめておく必要があります。しかし、プレゼンテーションをするわけでないので、自然なあなたの言葉を伝えれば大丈夫です。**あなたにしか話せないことがきっとあるはずです。**それを見つけられた本を持っていくと、よいかもしれません。

◉レジュメや資料を頼まれたら

読書会に参加するとき、レジュメ（本の内容などを要約したもの）や資料の制作を頼まれることがあります。レジュメや資料の作り方に、正解はありません。まずは主催者がどんな資料が欲しいかを確認しましょう。過去に配ったものをもらって参考にしてもよいと思います。主催者の意図を理解したうえで、課題本をしっかり読みましょう。

レジュメや資料の作り方について、少しだけポイントを紹介します。読書会でレジュメや資料を用意する場合は、専門書や学習を目的とした本が課題本となっていことが多いです。その場合は、知識の共有が目的になりますので、課題本に書かれている内容なのか、自分の感想なのか、関連した本に書いてあった内容なのか、を明確にして書きましょう。当日は課題本を中心に話が展開していきますので、課題本に書かれていたことなのか、そうでないのかは非常に重要です。ごちゃごちゃにしてしまうと、みんなが混乱してしまいます。レジュメや資料の各段落ごとに、引用した書名とページ、参考にした資料名、自分の感想であることを示すなど、出典を書いておくと間違えにくいでしょう。これらの点に注意しながら、課題本の問題提起とそれに対する著者の主張をまとめたり、文中に出てくる専門用語を解説したり、歴史的背景を整理したりします。

課題本が小説のときは、作品内容をまとめたレジュメが必要なのか、参加者個人の感想を知りたいのかを主催者に確認しましょう。作品内容についてレジュメにまとめる場合は、あらすじや登場人物の関係図、作品が書かれた時代背景などをまとめます。小説の場合でも、あなたの感想なのか、本に書いてあったことなのかを明確にして書く必要があります。

感想を書くような資料を作る場合は、自由に書きましょう。感想文の場合でもあらすじをまとめることに挑戦するのをおすすめします。きっと、あらすじで抜き出した場面やセリフなどがあなたが気になったところなのですから、それについて読書会で大いに語りましょう。

レジュメの書き方をもっと詳しく知りたい方は、レポートや論文の書き方を紹介している大学生向けの本などが参考になります。

私たちの読書会では、主に哲学者の著作を課題本にするときに、レジュメを作ります。各章にどんなことが書いてあったのか、文中に使われている用語の解説、文体についての考察などを、主催と有志の参加者も協力してもらい、簡潔にまとめています。

読書会の性質にもよりますが、会の中心は本です。レジュメはあくまでも、みんなの会話をサポートするためのものですから、担当者になったからといって緊張しすぎなくても大丈夫です。

当日の朝の楽しい過ごし方

読書会のある日は、本の感想のことで頭がいっぱいかもしれません。しかし、心に少し余裕をもてると、読書会がより楽しくなります。

◉朝起きたときから読書会は始まっている

たとえば、会場へ行く時間を少し早めにして、その街を散策すると、自己紹介や雑談のときの話のネタが増えて盛り上げられます。

また、早めに会場に入って、主催者の手伝いをしたり、先に来た人たちと話をしたりして、場を温めておくのもよいでしょう。後から来た人にも率先して声をかけてあげると、本番のときにスムーズに話ができると思います。

座席が近い人と仲良くなっておくと、困ったときに相談できます。

もちろん、手持ちぶさたは嫌だな、という場合は、ぴったりに行くのもよいです。当たり前ですが、遅刻には気をつけましょう。

◉持ち物は、課題本とペンと好奇心

持ち物として、課題本と、他にはメモとペンを持っていくとよいでしょう。読書会では、本当に多様な話題に広がります。他の人の話をメモするのもよいですし、話を聞きながら思いついたことをメモするのも有効です。あと、**課題本とは違う本を一冊くらい持っていくのもおすすめです**。自己紹介のときに、今はこんな本を読んでいます、というネタになり、自分のことを話すのがあまり得意ではない人にはよい方法だと思います。

本の感想ってどうやって話せばいいの？

さて、いろいろ準備をして、とうとう読書会の会場にやってきました。

読書会によって進行は異なりますが、あなたが感想をお話するまで、このような流れで進むことが多いと思います。

◉自己紹介の時間に、場の雰囲気をつかむ

多くの読書会では、自己紹介の時間があります。名前(その日に呼ばれたい名前)、好きな本、参加の動機などを聞かれることが多いです。参加者の名前をメモしておくと、後で質問などをしたいときに便利です。

課題本方式の読書会では、一通り参加者が自己紹介を終えると、次に課題本のあらすじや要約、本を選んだ理由などが話されます。

◉感想は無理なく感じたまま素直に話そう

初めて参加するときに不安なことは、感想の話し方です。

私たちは何度も参加しているのですが、正直に言えば感想を話すのがいまだに苦手です。それでも、工夫次第で、話しやすくなることも分かってきました。

繰り返しになりますが、**本の感想は、何を話してもよいのです。**

読んでみて、思ったことを素直に話しましょう。感想コンテストではないので無理によいことを言おうと思う必要はありません。読んでいるとき、読み終わったときに感じたことを言葉にするだけで大丈夫です。

もちろん、それが難しいんだ、という意見もあるでしょう。私たちも、なんて表現したらよいのだろうと悩んだこともあります。そんなときに**助けられた司会の一言は「好きだったセリフ」や「共感した一文」を教えてくださいという言葉**でした。

残念なことに、そういうセリフや文章がなかった場合は「見つかりませんでした」と正直に話せばよいのです。それも立派な感想です。

分からなかったところや反論したい場面について話すのもありだと思います。作品のファンの集いの場合は、避けたほうがよいこともあるかもしれませんが、一般的な読書会の場合「自分とは合わなかった」「面白くなかった」という感想も大事だと思います。もちろん、その作品が好きな人もいると思いますので、丁寧に「なぜ面白くなかったか」を説明できると、有意義な感想になります。**「難しかった」という感想や「苦手だった」という感想が意外な共感を呼んで、話が盛り上がることもあります。**ちゃんと理由を伝え、他人の感想に関連付けてお話しすることで、他の人にも興味を持ってもらえることがあります。**人とは違う感想で盛り上がるのも、読書会の楽しさ**だと思います。その本に詳しくても詳しくなくてもかまいません。繰り返しになりますが、あなたにしか話せないことが絶対にあるので、思いつくままに話してください。主催者はいろいろな意見が出ることを楽しみにしています。

◉感想のオリジナリティ？

話す順番にもよりますが中盤以降となると、他の人と感想がかぶってしまうことがあります。同じ感想でも、まずはそれを伝えましょう。感想コンクールではないので、オリジナルな感想が大事なわけではないのです。共感した部分や、ほぼ同じ感想でもちょっと違う部分があったらそれを話すと面白くなります。**小さな差異こそ大切なのです。**

どうしても自分の番が来るまでに感想がまとまらなかった場合は、先に話されている話題に乗っかるというのもよいと思います。

主催者は参加者のみなさんが、どんなことに関心を持っているのか気になっているはずです。他の人の意見に共感したところがあれば、それに合わせて司会者やファシリテーターが質問をしてくれるかもしれません。自分自身で、同じ感想を持った人に質問をしてみてもよいでしょう。自分の感想を話すだけではなく、他の参加者の感想を引き出してみることも楽しいです。

感想のとき、パスするのもありです。感想を話す順番が最初になってしまって上手く話せなそうだな、というときなど一度飛ばしてもらいましょう。他の人の感想を聞いた上で、似ている部分や違う部分について考えると、自分らしい感想が話せたりします。

◉本の外側で起こったことも感想です

読書会の場合は、本の感想だけでなく、読んだシチュエーションや動機を話すのもよいです。たとえば「この本は、読むのが二度目で、一度目は中学生のときに好きな人が読んでいたから、真似して読んでみたんです。そのときは全然分からなかったんですけど、今回読んでみて新しい発見がありました」といった話は盛り上がります。

本を読んで頭に浮かんだ他の作品の話をするのも、話が広がるでしょう。

あまり自分語りをし過ぎてしまうのもよくないですが、気にして全くしないのも盛り上がりに欠けます。適度に思い出話なども織り交ぜて話してみましょう。自分の話が長くなりすぎていないか持ち時間が気になったら、司会や主催者に確認すれば安心です。

◉読み終わらなかった……けど、他の人の感想が聞きたい

たまに、読み終わらなかったけど参加したいのですが、と聞かれることがあります。主催者の考え方にもよりますが、私たちの会では、ぜひ参加してほしいなと思っています。他の人の感想を聞いてから本の続きを読むモチベーションが高まったという方や、全然理解できなかったけどいろんな意見を聞いたら分かるようになった、という方もいました。

未読の場合は、自己紹介のときに読めた範囲をちゃんと伝えておくと、トラブルにならないと思います。

読書会が終わったあとに

◉主催者との交流も楽しみの一つ

主催者に、いろいろ質問するのも場が盛り上がります。選書の理由は最初に語られることも多いと思います。しかし、読書会を始めた理由や、会場を選んだ理由はあまり語られません。主催者は、当日は運営について考えていて頭がいっぱいで、自分のことを話さないこともあるので、時間があれば問いかけてみましょう。

同じ読書会に参加する人たちは、どこか趣味や考え方が似ている部分もあると思うので、終わった後におすすめの本などを聞いたりすると、よい本に出会えることでしょう。

◉熱が冷めないうちに

ここで私たちからお願いがあります。読書会に参加したあとは、とりあえず帰り道にある書店か図書館に立ち寄ってほしいです。

いろんな話で頭がいっぱいになって少し興奮しているうちに、次に読む一冊を選びましょう。または、次回の読書会の課題本が決まっていたら、そのまま手に入れてしまえばすぐに読み始めることができます。

そのほか、課題本方式、持ち込み方式どちらの読書会でも、取り上げた作品をもう一度読んでみると、今まで気がつかなかった新しい発見があります。読書会をふりかえって、当日言えなかった感想をメモしておくと、別の機会に役立つ可能性があります。

◉自分で主催してみよう！

そして読書会に参加したなら、次はぜひ自分で開催してみてください。

まずは参加した読書会と同じ方法で主催してみましょう。自分でカスタマイズできそうであれば、それも試してみましょう。楽しかったところを真似して、いまいちだったところを改善すれば、あなただけの理想の読書会をつくることができるかもしれません。

Column

ビブリオバトルとは他人に本を探してもらうことである

ビブリオバトル普及委員会前代表
岡野裕行

おもしろい本を読んでみたい。もっとおもしろい本を知りたい。本を読んで楽しい時間を過ごしたい。誰か私におもしろい本を教えてほしい。誰か私に本のことを語ってください。おもしろい本を読み終えた。こんなにもおもしろい本ならば誰かに伝えてみたい。私が読んだおもしろい本のことを誰かに教えてみよう。私が語る本の話を誰か聴いてください。

世の中にはおもしろそうな本に触れてみたい人と、おもしろい本のことを言葉にしてみたい人がいる。誰かがおすすめする本を探している人と、本の話を聴いてくれる誰かを探している人がいる。そういう人たちが本についての言葉を交わし合える機会があるといい。その機会が生み出す時間はこの世界を少しずつ豊かにしてくれる。ビブリオバトルというゲームはそういう人たちの気持ちをつないでいく仕組みである。参加するみんなに平等に与えられた持ち時間のなかで、自分のおすすめする本を自由に語ってみる。ほかの人から紹介された本について遠慮なく質問してみる。約一時間のなかでお互いに本を語り合う。

人は生活するなかでさまざまな本にめぐりあう。ふとした瞬間に手を伸ばした本が、自分のなかの何かを変えてしまうかもしれない。それまで存在を知らなかった本を手に取ってみる。本との出会いの場面は、私たちのいつもの暮らしのなかに舞い降りるドラマチックなできごとである。そして人は本を手に取って読みふける。私の意識はあっという間に本のなかに入り込み、簡単には戻ってこられなくなる。没頭して我を忘れて紙の上の文字列を追いかける。谷川俊太郎は「読むこと」という詩において、こんな風に本に没頭して読みふけってしまう人の状態を描き出している（注1）。本を読むことはとても贅沢な時間の過ごし方である。そしてまた、人はその本についてどこかで誰かに語ることがある。読んだ本のことを自分なりの言葉に置き換えようとする。

私たちは本と出会い、本を読み、そして本を語る。本を読むという行為の前後に、本と出会うことと本を語ることがある。読書とは人が本と関わり続ける一連の行為である。ビブリオバトルとは本を語る場でありながら、その語りを聴く人にとっては本に出会う場にもなってくる。本についての言葉はある人から別の人へと移動していく。誰かが自分の好きな本について語ってみることで、ほかの誰かの読書のきっかけも生まれることになる。

ショウペンハウエルは「読書とは他人にものを考えてもらうことである」と述べている（注2）。私たちの個人的な読書体験は、どこかの誰かの言葉に影響を受けながら形づくられる。読書を通じて私のなかに蓄積された言葉は、ほかの誰かが考えてくれたものである。私はそれらの言葉を受け取り、自分のからだに溜め込み続ける。ピエール・バイヤールは本について語ることを「創作者になること」と指摘している（注3）。誰かが考えた言葉は、本を語る場において自分の言葉に置き換えなければならない。私が自分の読書体験を言葉にすることで、誰かの読書にも影響を与えることになる。読書体験は自分自身のためでありながら、それを言葉に置き換えていくことでほかの人のためにもなる。大事なのは本について語ることである。

最後にショウペンハウエルの言葉を借りてみたい。ビブリオバトルとは他人に本を探してもらうことである。読書体験を自分の言葉に置き換え、それを誰かにおすそ分けしてみてほしい。

（注1）アンドレ・ケルテス著『読む時間』（創元社、二〇一三年）所収

（注2）ショウペンハウエル著『読書について 他二篇』（岩波書店、一九八三年）

（注3）ピエール・バイヤール著『読んでいない本について堂々と語る方法』（筑摩書房、二〇一六年）

第4章

読書会を開催・運営するには？

読書会の作り方

読書会の楽しみは主催にあると言ってもよいかも知れません。料理人ができたてほやほやの料理を味見できるように、主催者には格別の楽しみがあることは事実です。楽しい一方で、開催には苦労もつきものです。これから読書会を始めようとする人やもっと楽しく読書会を開催したいと思っている経験者に向けて、役に立ちそうなことを準備から当日まで整理しました。

◉誰かを誘って始めよう

読書会はひとりではできません。しかし、二人いればもうそれは読書会です。極端なことを言えば、主催者が二人いれば参加者がゼロ人だって読書会ができるのです。**できれば誰かと一緒に二人で始めましょう。**本の相談、告知文の相談、場所決めの相談、当日の司会・運営の役割分担など、誰かと一緒だと心強いものです。現実的な話をすると、費用も半分ずつにすることで、人が集まらなかったときのリスクも分散することができます。

共同主催者として人を誘うことが難しいのであれば、友人などにサポートをお願いしてみてはどうでしょうか。一番仲のよい友達に「読書会やらない?」と聞いてみましょう。

サポートも難しければ、他の読書会主催者にアドバイスをもらうなど、助言をくれそうな人を見つけておくことが重要かもしれません。

◉テンションの上がる名前をつける

名前を決めることは楽しいです。私たちの読書会には名前がありません。告知文には「双子のライオン堂読書会」と記載してあるのですが、まあなんというか、普通の説明になってしまって盛り上がりに欠けます。もっとオシャレな名前をつければよかったなと思っています。読書会の楽しみは、本を中心にどんな人でも参加できることにあると思います。会社で働いている自分でもなく、学校で過ごす自分でもない「○×△読書会」に参加する本を楽しむ私になるための仕掛けとして、テンションの上がる名前をつけましょう。

読書会の感想などをウェブで参加者に投稿してもらったり、自分で評判を調べたりするときなどにも個性的な名前は役に立ちます。名前はたくさんある読書会を選んでもらうときに、**参加者に伝える最初のメッセージにもなります**。どんな人に来てもらいたいかをイメージして名前を決めることも有効でしょう。

◉本当にやってみたい場所を探す

テンションの話をしてばかりで恐縮ですが、テンションの上がる場所を見つけることも楽しみの一つだと思います。手軽な会場で始めるのもよいですが、参加者を公募するのであればちょっと背伸びして開催場所を工夫してみてもよいでしょう。とはいえ、参加者が集まるかどうか心配かと思いますので、**第一回目は借りやすい場所、第二回以降に自分好みの会場で行うことをおすすめします。**読書会の一番難しいところは、参加者に心を開いてもらうところ、話のエンジンがかかるまでです。おしゃれな場所や美味しいお菓子の力を借りて、話を盛り上げることもときには必要だと思います。

特に、読書会を**長く続けたいと思っている場合、決まった場所を持つことはとても重要だと思います。**どんなコミュニティでもライフスタイルの変化などにより、時間の経過とともに継続が難しくなっていくのではないでしょうか。そんなときにも「あそこに行けば、いつもの読書会がある」という場所をつくることができれば、集まることが容易になります。読書会を通して、あなたにとって安心できる場所を見つけることもできるかもしれません。

公共施設やレンタルスペースを借りる場合は、その場所に合わせて申し込みをすればよいので簡単ですが、お店を借りる場合は丁寧にお願いをする必要があります。

企画書（活動実績、読書会の目的や内容、当日のスケジュール、告知方法、お店のどのスペースを使いたいのか）や収支計画書（参加費、お店に支払うレンタル料など）を簡単につくって送るとよいでしょう。突然連絡するのではなく、事前にお店を訪れておきましょう。お店が空いている時間であれば、お会計の際に読書会の企画書を送ってよいかなど相談ができるかもしれません。あるいはメールで企画書を送りましょう。友人に紹介してもらう、自分の行きつけの店に声をかけるなど、すでに関係性のあるところであれば、貸してもらいやすいです。初めて読書会を主催するときには、いきなりお店にお願いするよりも、まずは自分なりに小さく実施してみましょう。そうするとお店を借りる際にも実績を説明することができます。

◉自分の一番読みたい本や好きなテーマを選ぼう

この準備がもっとも重要な時間です。課題本方式であればどんな一冊を選ぶのか、持ち込み方式であればどんなテーマを選ぶのか、とても悩みますよね。時世や流行に合わせて選ぶ方法もありますが、**あなたが読みたいと思う本を選択することが一番よいと思います**。学校や会社など参加対象者が決まっているものだったとしても、自分が楽しめる本やテーマを選んでほしいです。自分が読むことを楽しめなければ、いくら人が集まったとしても、いくら勉強になったとしても「もう一度参加したい」「もう一度開催したい」と思えないのではないでしょうか。

また、半分冗談のような話ですが、自分が好きな本やテーマを選ぶことで主催者が当日に話し過ぎることを防ぐこともできます。すでに、選択の時点で自分の主張を伝えられているのですから、ついつい口を出しすぎることが減ります。あ、でも、もしかしたら大好きだからこそ話し過ぎてしまう人もいるかもしれません。

勉強のために読書会を開催する場合、自分の好き嫌いとは関係なく本を選ぶこともあるでしょう。そういったときには、楽しめる形式や続けるための工夫などその読書会を好きになれそうな仕掛けをすると長く続けられます。お酒を飲みながら、お菓子をつくりながら専門書読書会をしたってよいと思います。本が決まっていたとしても、形式は自由なのですから、自分が好きになれるポイントを考えてみてはいかがでしょうか。

もしも、テーマを選ぶのにどうしても迷っているのであれば**「古典」と呼ばれる昔から読み継がれている本を選ぶのをおすすめします**。長く読まれている本ですので世代や立場を問わず、さまざまな話題をテーマにしながら縦横無尽に話すことができます。会話をするための引き出しも多いですし、感想を受け止めてくれる作品の懐も深いですよ。一方で、参加者の属性をある程度絞りたいのであれば、現代性のある新しい本がよいでしょう。たとえば、新しい働き方をテーマにした本であれば比較的若い世代の社会人が集まりやすいでしょうし、話題のアーティストに関連した本であれば美術が好きな人が集まりやすいでしょう。

◉告知文は参加者のことを考えて書こう

どんなイベントでも言えることですが、告知文は参加者のことを考えて書くと上手くいくと思います。

告知文に必要だと思う要素をまとめました。

タイトル：タイトル文にも日時を入れます。

開催日時：年月日や時間だけでなく、曜日も書きます。

課題本やテーマについて：なぜ、この本やテーマを選んだのかを書きます。またレジュメや解説などを掲載してもよいでしょう。

タイムスケジュール：仮のものでよいので、当日のスケジュールを書きましょう。自己紹介や感想を話す時間が書いてあると、参加者が事前に用意できるので安心して参加できます。

対象者：だれでも参加できるのか、読了しなければいけないのか、特定の関心をもった人に向けたものなのかなど参加条件を書きます。

会場：会場について書きます。必ず住所と経路（最寄り駅や、迷いやすい場所であれば会場近くの目印になるものなど）を記載しましょう。

過去の読書会の様子：もし、二回目以降ならば、過去の読書会の写真や紹介文を載せるとよいでしょう。初めて参加する人は、どんな雰囲気なのかを知りたがっているものです。今はスマートフォンでも写真や動画を簡単に編集できるので、それを活用してみるとよいでしょう。

主催者の自己紹介：どんな人が企画しているのか分かる、短い文章を載せましょう。

注意事項：飲食物の持ち込みの可否や禁止事項などあれば記載しましょう。事前に示してあるとトラブルを防ぐことができます。

◉集客は大変。でもそんなにたくさん人が必要？

何度も繰り返し書いていますが、**二人いればもうそれで読書会が成立しています**。あなたの行おうとしている読書会は、本当にたくさんの参加者が必要なのでしょうか？「難しい本に挑戦したい」「どうしても、この本の感想を話し合いたい」という動機であれば、必ずしも大勢の参加者を集める必要はないのかもしれません。読書会の適正人数は形式や時間によって異なりますが、私たちは五人（司会を含む）が一番楽しく話ができると思っています。経験上、八人までであれば一グループで会話することもできますが、九人以上であれば複数グループに分けたほうが上手くいきます。

とはいえ、集客をする必要がある場合も考えられますので、集客に成功している読書会について紹介します。**しっかり集客している読書会は、参加者同士の関係を丁寧に構築している**ところが多いです。参加者がリピーターとなり、友達を連れてきていたり、参加者が運営に関わって次のイベントをつくったり。ゼロから集客するのは労力がかかるので、一度参加してくれた人や自分の身の周りの人たちに協力をお願いしましょう。

読書会の改善点を見つけるためにも、参加者の声を聞くことはとても重要です。無理に交流会をする必要はありませんが、参加者のアイデアや期待していることを聞くことで、より楽しんでもらえる工夫を思いつくこともありますし、なによりも人に頼りにされることは嬉しいものです。自分ひとりで抱え込まないことも、参加者とのコミュニケーションを深め、人間関係を上手につくっていくポイントかもしれません。

参加者との信頼関係を築くことができれば、次に開催したときにも来てもらえるようになります。テーマや本が気になって参加するという動機だけでなく、その会が好きだから、その会に来る人たちが好きだから参加したいという魅力をつくることができれば、人は増えていくのではないでしょうか。**あなたの主催する読書会を手伝ってくれる人や気に入ってくれる人を見つけて、コミュニケーションをとり仲間を増やしていきましょう。**

友達を誘うこともとても大切です。誘い方もSNSなどでたくさんの人に告知する方法ではなくて、直接誘った方が効果があります。友達だから自分の情報を見てくれているだろうと考えがちですが、お知らせに気がつかないこともありますし、自分が参加してよいか不安に思って躊躇している人もいます。誘ってくれることは嬉しいものです。

自分が声をかけられる人が増えていけば、集客の不安も少なくなっていくはずです。

爆発的に参加者が増えることはめったにありませんから、集客することが必要なのであればコツコツと継続しましょう。

◎告知文の例

2021年12月18日(土) 13:30〜15:00
「ドストエフスキー『罪と罰』読書会」（双子のライオン堂読書会主催）

ドストエフスキーは、毎年なんらかの形で取り上げられています。それは、プライベートでのいざこざがあったときや社会に大きな事件が起こったときに、私たちの前に出現します。

しかし、実際に読んだことがある人がそれほど多くないのではないでしょうか？　長い小説ですので、決して手軽に読める作品ではありません。ドストエフスキー作品に世界の真理が入っているとは言いませんが、読まないのは損だと思うのです。そこで、みんなで読みたい、読みきりたいと思い、この読書会を立ち上げました。


気合いを入れて告知文を書いてみましたが、みなさんの参加動機はどんなものでもかまいません。

「難しそうで、ひとりじゃ読めそうにない」

「期限や制約がないとさぼってしまう」

「ドストエフスキーフレンドを作りたい」

「読んでたらモテそうだ」……なんでもOKです。


ぜひ、ドストエフスキー文学の世界を一緒に楽しみましょう。

参加条件は、『罪と罰』（出版社は問いません）を読了していること。

読了の定義は各自お任せしますのでお気軽に。

当日は、お菓子とお茶を楽しみながら課題本についてお話しましょう。


【イベントの流れ】
①読書会についての説明
②参加者自己紹介
③主催者による課題本の紹介
④一人一人感想を数分話す
⑤休憩タイム
⑥フリートーク
⑦最後に感想を一言ずつ

【日時】

2021年12月18日(土) 13:30〜15:00

【主催者紹介】

私たち双子のライオン堂読書会は、2013年から書店で読書会を開催しています。双子のライオン堂は『100年残る本と本屋』モットーに、小説家をはじめ多彩な専門家の「選書」をテーマにしている書店です。文学に親しむための読書会や新しい分野に入門するための読書会を行っています。毎月のように開催しているので気軽にご参加ください。


【過去の読書会の様子】

読書会の様子を記録した記事です。当日の写真や参加者の感想などを掲載してあります。

https://note.com/liondoev/n/n981e87f73036

【注意事項】
・キャンセルの際はご連絡をお願いいたします。
・飲食物の持ち込みはOKです。
・当日のご連絡はこちらへ(電話番号やメールアドレスを記載)

＊＊＊＊＊＊＊＊＊＊＊＊＊＊＊＊＊＊＊＊＊＊＊＊＊＊＊＊＊＊＊＊＊＊＊＊＊
日　時：2021年12月18日(土) 13:30〜15:00(途中参加、途中退場OK)
場　所：双子のライオン堂 書店
住　所：東京都港区赤坂6-5-21 101（千代田線「赤坂」徒歩5分）
課題本：ドストエフスキー『罪と罰』（出版社の指定はありません）
参加費：1500円(税込)
主　催：双子のライオン堂
＊＊＊＊＊＊＊＊＊＊＊＊＊＊＊＊＊＊＊＊＊＊＊＊＊＊＊＊＊＊＊＊＊＊＊＊＊

◉当日スケジュールの共有は大切

これまた、どんなイベントでも言えることですが、事前にスケジュールを参加者へ伝えることは重要です。特に読書会では会話が中心になるので、想定よりも時間が延びてしまうことがあります。あまり話したくない人に無理に語ってもらう必要はありませんが、しゃべりたいなと思っている人がぜんぜん話せないのはもったいないことです。

発表などが長くなってしまう人がいた場合、**そのまま続けてよいのか、途中で止めるのかを判断するのは主催者の役割です。**もしかしたら、忘れてはいけない主催者の役割は、これだけかもしれません。そんなときに、あらかじめスケジュールを伝えておけば、お話をストップしてもらう声かけもスムーズにいくことでしょう。そのために「ひとりの持ち時間は五分です」と事前に伝えたり「これから感想タイムです。時間は五〇分ですが、司会の私が時間を見ておきますね」などと声をかけたりするとよいでしょう。

必ずしも、全員が同じ時間、平等に話せるようにきっちり時間を計る必要はありませんが、一言も話せない参加者が出ないようにスケジュールを調整する必要があります。

◉とにかく本を読もう!!

主催者はとにかく読んで読んで読みまくりましょう。読書会は本以外の様々な話題についても話せることが魅力なのですが、それは「本」という大黒柱があるから成立していることです。

いろいろな考え方があるとは思いますが、その本に書かれた内容をベースに話すことは、参加者にとっても安心して参加できる要素になります。いくら自分が詳しくとも、周辺の知識や話題だけ話していては、参加者が置いてけぼりになってしまいます。脱線することは楽しいですし、読書会の醍醐味ですが、**いつでも課題となった本やテーマに関する話題に戻れるように主催者はしっかり本を読んでおきましょう**。

主催者が楽しんでいる読書会は、参加者の満足度も高くなります。ただの司会ではなく、一読者として自分の感想も大切にしましょう。自分の意見を整理しておくと、他人へ質問をしやすいですし、話をふりやすくなります。

読書会ではさまざまな話題が出てきますが、その意見が本に書かれていることなのか、本には書かれていない個人の感想なのか、ごちゃごちゃになってしまうと、混乱してしまいます。本をしっかり読んでおくと、感想なのか事実なのか本に書かれていることなのかを見極めて話を整理することができます。そこまで細かくファシリテートするかは、会の雰囲気にもよると思いますが、主催者がしっかりと参加者の意見をキャッチする準備はしておきましょう。一方で、本の内容や他人の意見で分からないところがあれば正直に聞くことも重要です。あなたの素朴な質問が、会を盛り上げるキッカケになることもあります。

◉お金のことは先に決めよう

読書会で最もお金がかかるのは、一般的には会場費です。ゲストを呼ぶと、講師料などがかかる場合もあります。

初めて開催するのであれば、レンタル会場や公民館などが借りやすいでしょう。レンタル会場は費用がちょっと高いところもありますが、場所や雰囲気を選んで借りることができます。公民館は安いですし、市民に積極的に利用してもらいたいと思っているので借りやすいです。しかし、場所によってはアクセスが悪かったり古い建物になってしまったりします。現在は、リニューアルを行ったとてもお洒落な公共施設も増えてきていますので、探してみてもよいかもしれません。

カフェなどに集まる場合は、お店に許可をとりましょう。個室を貸してくれるカフェであれば問題ないですが、一般利用で集まる場合はトラブルを避けるために確認が必要です。お店によっては告知などの助言をしてくれるかもしれません。読書会のテーマに合わせてお店を選びアイデアを伝えて協力してもらうこともあります。たとえば、アメリカが舞台の小説が課題本であれば、アメリカンダイナーにお願いするなど。

普段、お客さんが長時間会話しない場所、本屋や雑貨店などの小売店では、読書会のスペースを確保するためにお客さんの入りを制限しなければならないので、ハードルが高いかもしれません。

また、自分のお店などで開催する場合、その間の売上が見込みにくいことを理解しておきましょう。よほど大きなお店でなければ、読書会中はお店が貸し切り状態となり閉めなければなりません。読書会参加者にリピーターになってほしい、来客の少ない時間に店舗を活用したい、読書会を行っているということをPRしたいなど目的を持って行うとよいでしょう。

あるいは営業時間外に行うと、影響が少ないです。

会場費が決まったら、参加費を考えましょう。あるいは参加費を決めてから、費用に合った会場を決めるのもよいと思います。

参加費を定額にするのか、参加人数に応じて会場費を等分（割り勘）するのかは、早めに決めておくとよいでしょう。参加人数に応じて等分にしてしまうと、集客状況によって負担額が変化しトラブルにつながることもあるので、**参加費は定額とすることがおすすめです**。最初は主催者が負担できる範囲で、参加者が少なくてもあまり損しないように安価な場所を用意すると読書会を続けやすいでしょう。例外として、仲のよい友人などと読書会をする場合は、割り勘で参加費を決めてもよいと思います。

参加費をいくらにするのか、とても悩まれると思います。無料にするのか、三〇〇〇円にするのか。さまざまな選択肢がありますが、読書会の目的から考えるのがよいと思います。

金額の設定によって参加者も変わってきます。たとえば、無料にした場合は学生や子供なども参加しやすくなります。有料にした場合、その本について話したいという意欲的な人が参加しやすいかもしれません。また、比較的高額にした場合（参加費三〇〇〇円など）、読書会の会場や交流会など本の話以外の要素にも期待感を持っている人が集まるかもしれません。

会場費をもとに、参加費を設定するときの例を示します。たとえば二時間の読書会を行うために、準備と片付けの時間を含めて、会場を三時間借りて九千円だった場合、参加者を六名と想定し、一五〇〇円の参加費とするなど。

店舗の収益を目的としたビジネスとして読書会を行う場合、企画料や人件費なども考慮して参加費を設定する必要があるでしょう。一方で、お店をPRするためのイベントとして位置づけるのであれば、読書会の参加費で収益を上げる必要はないと思います。ビジネスにするのであれば、開催目的をしっかりと確認しましょう。開催後、収益について反省するのであればビジネスとして行うことになるでしょうし、そうでないのであれば趣味として行うことになります。

私たちが読書会をスタートしたばかりの頃は、大人の遊びだと思って予算を決めました。そのときの考え方は、休日におもいっきり遊ぶと一万円くらいかかるなと想定し、一万円は自分で負担してもよいことにしました。会場は一万円くらいの場所を借りて、参加者がもしも来なくても問題なく支払える金額にしました。参加費は一五〇〇円にし、集めたお金でお菓子を買ってみたり、料理をしたり、交流会の費用に使ったりしていました。

読書会をどんな目的で行うのか、どんな人に来てほしいのかを想定することで、予算や参加費を決めることができると思います。

本が一冊あれば開催できるのが、読書会のよいところですから、初めの一歩は小さく踏み出すことができますよ。

読書会にかかるお金の例

・会場費：自分の店舗であればかからないですが、営業時間に開催する場合は店舗の一部あるいは全部を貸し切りにする必要があります。
・茶菓子代など：お菓子やお茶を準備するならそのお金。
・印刷費：レジュメやお店の紹介・読書会の宣伝のチラシなどの印刷費。
・書籍代：課題本など読書会のために購入する書籍代。
・講師謝礼：ゲストなどを呼んだときの謝礼。

◉レジュメや資料はどうする？

読書会は本さえあれば開催できるのが、よいところですが、読書会の目的に合わせてレジュメや資料を準備することで、より読書会を楽しく意義深いものにすることができます。

例えば、専門書や学習を目的とした本などの読書会をする場合は、参加者への知識の共有をしたうえで話し合うことが重要となりますので、本の概略や重要なポイントをレジュメにまとめるとよいでしょう。

また、特定のジャンルの本を広める目的で行う場合などは、関連する書籍や次に読んでほしい一冊などをまとめたブックガイドを資料として用意するとよいかもしれません。

レジュメを用意する場合も、主役は本ですので、レジュメの解説を行う時間の設定には気を付けましょう。説明ばかりが長くなってしまって、参加者との交流やディスカッションの時間が無くなってしまうと、読書会として行う意味が薄れてしまいます。

特に専門知識が必要な本の場合は、説明の時間が長くなってしまうこともあるかもしれません。そのようなときには告知文にスケジュールや対象者を詳細に書いておくとよいでしょう。参加者が心構えをして来てくれますので「解説が長すぎた」や「レジュメの内容が少なすぎた」などのミスマッチを防ぐこともできるでしょう。

レジュメや資料は、あくまでも読書会をサポートするためのものです。資料の制作や発表に集中しすぎて、参加者とのディスカッションの前に力尽きてしまわないように気をつけてください。

◉参加者の気持ちを想像する

読書会の場における**人間関係で気をつけることは、今はなんの時間なのかを理解すること**です。開始前の準備の時間なのか、本と向き合う読書会の時間なのか、リラックスした休憩の時間なのか、読書会後の交流会の時間なのか。

主催者として、パーティのホストのように常に陽気に振る舞う必要はありませんが、読書会の時間は参加者に疎外感を感じさせないようにすることが大切です。主催者という肩書を持っているだけで、誰にでも話しかけやすくなります。とってもお得な肩書なのです。

リピーターの人と話すにしても、初めての人に話しかけるにしても、休憩の時間はとても有用です。休憩時間をはさむだけで、自然と参加者同士の会話がスタートすることが多いです。読書会が長くなり疲れたときやトイレ休憩だけでなく、**ちょっと交流の時間をつくりたいと思ったら休憩をはさむとよいでしょう**。

交流タイムやアイスブレイクと宣言してしまうと緊張する人もいますが、休憩時間ではリラックスした雰囲気で交流することができます。みんな緊張した様子であれば、それとなく「この時間に隣の人に話しかけてもよいですよ」などと促してもよいでしょう。

初参加の人など少し気になる参加者がいれば、休憩の時間を上手く活用して声をかけてみてはどうでしょうか。

自分が積極的に声をかけるだけでなく「参加者同士で盛り上がってほしい」ときに、主催が二人いると、打ち合わせすることでそれとなく交流を促すこともできます。

考えたくないことですが、参加者同士が会場でトラブルになる可能性もあります。そんなときは、主催者の出番です。参加者を守るために声をかけましょう。嫌がっていることは、しっかり伝える必要があります。本当に困った場合は、警察を呼ぶなど冷静な対応をするのも主催者の役割です。**あなたの読書会を守るために必要なこと**ですので、頭の片隅に置いておいてください。

読書会の運営のポイント

◉受付はとっても大事

受付は、読書会にとって大事な作業です。

ただ単に人数を確認する時間ではありません。読書会に来た人と最初にコミュニケーションする瞬間です。読書会自体が初めてで緊張している人もいるでしょう。どんな人が主催なんだろうと不安な人もいるかもしれません。また、ここから雰囲気をつくっていくこともできます。名札などを用意して、その日に呼んでほしい名前や好きな本を書いてもらうと、待ち時間などに参加者同士の交流を促せます。「ハロウィンの読書会」をするのであれば、お菓子を配ったりするなどの工夫もよさそうです。

受付の業務について話をします。

イベントの申し込み方法（メール、イベントシステム、決済サイトなど）によって違いはありますが、基本的には参加者の一覧をすぐに見られるように準備しましょう。印刷できる場合は、しておいた方がスムーズに対応できます。

参加者が来たら、名前と、支払いがある場合はそれについても確認しましょう。支払いに関しては、事前に徴収できると当日の支払い忘れトラブルなどが減るのでおすすめです。当日支払いの場合は、会が始まる前に受け取るようにしましょう。読書会が始まると忙しいので、もらい忘れてしまうことがあります。参加者に他意はなくても二度と会えない場合もあります。

もし、無料の読書会だとしても、事前に申し込みをしてもらうようにしましょう。参加者が遅れてくる場合もありますので、名簿がつくれる状況にしておけば、受付とその後の読書会開始がスムーズになります。

ひとりで運営している場合などは、早く来てくれた人に受付をお願いすることで、コミュニケーションが生まれる場合もあります。

◉司会が時間を管理しよう

司会やファシリテーターを置かない読書会があってもよいと思います。しかし本書では、初めて行う場合は、司会を決めておくことを推奨します。

司会が大事にするべきことは、時間を守ることです。

ただ、開始時間を少し遅らせなければいけない状況は考えられます。悪天候の影響で電車が遅れるなど、事情があるときには参加者の様子をみながら判断しましょう。開始を遅らせる場合は、必ず会場に来ている人に声をかけます。待っている間に、主催者が告知事項などを話しておくのもよいかもしれません。

一方で、**終了時間は守りましょう**。

会が盛り上がっているときは、そのまま続けたい気持ちも分かりますが、**終了時刻で一旦区切るようにしましょう**。話が盛り上がっている最中に、その場から抜けるのはとても気をつかいます。声をかけるにしても会話の流れを切ってしまうんじゃないかと申し訳なく感じますし、黙ってその場を離れるのも悪い気がします。なので、終了時間を守って一旦区切り、まだ話したい人がいる場合は、一度仕切り直してから再開すると、居心地のよい会になります。

また、しっかりと終わりの時間を守ると、参加者は予定を立てやすいので次も参加しやすく、リピーターになってくれるかもしれません。必ずしも延長することが悪いわけではありませんが、延長する可能性が高いのであれば告知文などで事前にその旨を参加者に伝えましょう。

他にも司会が気をつけることとして、会の最初に、**当日のスケジュールを共有するようにしましょう**。読書会は参加者たちと話をすることで成立します。なので、できる限り参加者には話しやすいように、リラックスした状態で参加してもらえるよう気をつけたいところです。事前にスケジュールを伝えることで「ここで自分が話すんだな」と心の準備ができます。初めての参加者でもスムーズに会話できることでしょう。

当日のスケジュールを紙に印刷して配ったり、スライドを用意して開始時間までモニターに表示したりするのもよいと思います。これによって、全員でスケジュールを共有することができ、順番が後の人が話せなかったなどのトラブルを防ぐ効果もあります。

◉司会は誰がやる?

主催者が司会をやることが多いと思いますが、必ず主催者が司会をしなくてはいけないわけではありません。たとえば、たくさんのグループに分かれて行う場合は各グループで司会を立てますので、参加者にお願いする必要があります。

各グループで司会を立てる場合、**司会の役割がどういうものか共有したり、打ち合わせをしたりするとよいです**。たとえば「時間の調整について対応を決めておく」「参加者の意見をできるだけ否定しないことを共有する」「トラブル時の連絡について決めておく」「司会同士の感想を共有しておきグループ内の話のタネにしてもらう」など事前に取り決めておきましょう。

司会の有無や進行の方針については、参加者に伝えておきましょう。極端なことを言えば、ファシリテーションを全くしなくてもよいのですが、この読書会をどんな会にしたいか、参加者に伝えることは主催者の重要な役割です。とにかく自由でなんでもオッケーな場であったとしても「ここは自由な場である」ということを事前に伝えることが大切です。

◉ファシリテーションのアイデア集

この項目では、私たちの経験で得た、司会やファシリテーションをするためのコツを共有していきます。

たくさんの人に役立ちそうなことから、ちょっとマニアックなポイントまで自分たちの視点で書いてみました。参考になると思っていただける内容もあれば、私たちとは意見が違うなあと思う内容もあるかと思います。みなさんの考えに照らし合わせながら、司会やファシリテーションに困ったときのヒントにしてください。

・苦手なことは正直に先に伝える

もしも、あなたがファシリテーションや司会が苦手であれば、参加者に「苦手なんです」ということを伝えることも手段の一つです。どんなことを助けてほしいか先にしっかり伝えると、協力してくれることでしょう。たとえば、時間の管理が苦手なのでタイマーをかけます、最後のフリートークの時間は会場のみなさんから話題を出してくれると助かります、など。参加者と主催者がフラットに話し合うのが読書会ですから、ひとりで全部の役割を行うのではなく、全員で協力して進行すれば大丈夫です。

・感想の引き出し方

感想をしゃべるパートでは司会から話すか、参加者から話してもらうかの判断が重要です。緊張している参加者が多いときや、読書会初心者の人が多いとき、課題本が難しく感想を話しにくそうにしているときは、会場の雰囲気をほぐすために司会から話しましょう。司会が最初に話す場合は、真面目な感想と脇道に逸れた変わった感想の両方を話すと、この場ではどんな話をしてもいいんだよ、という雰囲気をつくれます。たとえば、カフカの『変身』だったら「現代社会との関連」についての話と、登場人物が初恋の人と同じ名前だったという話の両方をする、など。

・うずうずしている人を見つける

参加者が話しているときは、とにかく話者の声に耳を傾けましょう。一方で目では、参加者の表情を確認しましょう。質問をしたそうにうずうずしている人がいたら、あとで話を振ってあげると、話が広がることがあります。タイムキープや進行の確認など忙しいとは思いますが、読書会を盛り上げるためのヒントは参加者の言葉や行動に隠されているので、逃さないようにしましょう。

・自己紹介には質問のヒントがある

自己紹介の時間は会の最初に設定することが多いので、主催者も緊張している時間だと思いますが、誰がどんな話をしていたかをなんとなく覚えておきましょう。自己紹介の場で丁寧に、ひとりひとりの話を広げようと思わなくて大丈夫です。後の感想交換タイムや紹介タイム、フリートークのとき、話題に困ったら自己紹介に関連付けた質問をすると参加者が話すキッカケをつくることができます。読書会には関係なさそうなお話でも、ちょっと覚えておくと思わぬ関連性を発見したりして、会話に広がりがうまれることもありますよ。

・沈黙は金

フリートークのとき、沈黙が続くと少し怖くなる場合があるかもしれません。しかし、恐れなくても大丈夫です。誰もしゃべらない時間があってもよいのです。沈黙の時間も上手く使えば、考える時間があって当たり前という雰囲気をつくることができます。どうしても、沈黙が気になってしまうのであれば、事前に自己紹介のときや感想パートで、フリートークタイムにどんな話をしたいか聞いておくと、フリートークでの話題に困ることを防げます。

・話題は変えていい

盛り上がっている話をさえぎるのは勇気がいりますが、必要な場合は雰囲気を変えるために声をかけるようにしましょう。司会という肩書をもっているだけで、話に介入しても参加者は違和感なく受け入れてくれることもあります。話題を変えるタイミングとしては、同じ人が話し過ぎているときや、話に入れていない人が他の話をしたそうにしているときなどです。これらを見極めるのは難しいですが、心の余裕をもって参加者みんなの表情を見ているとタイミングがつかめると思います。

・パスOK

参加者が感想を話すときや発表をするときに困っていたら「パスしてもいいですよ」と促して、順番を後にするなど柔軟に対応しましょう。改めてその人が話す時間になったときに、自由に話してもらうのもよいですが「〇〇についてはどう思いましたか?」「気になったところはどこですか?」などの質問を投げかけて、話しやすくなるキッカケをつくってあげるのもテクニックの一つです。

・始まる前に声をかけよう

初対面の人がたくさんいる場合は、始まる前に参加者の個性をつかんでおくとその後の進行がしやすくなります。そのために、雑談を活用するとよいです。話すのが好きそうだな、話すのが苦手そうだな、など参加者の印象を覚えておくと後で質問をしたり話題をふったりする順番を考えるヒントになります。緊張していそうな人を見極めるためにも雑談をしておくのは有効です。どのような配慮をすると楽しく参加してくれそうかを、はじまる前の雑談の時間を使って考えておくと楽しい読書会になります。

・開始時間に注意

開始のタイミングを早める必要はありません。「ほとんどの参加者が集まったので、あとひとり来ていないですが、早めに始めましょう」という対応はしない方がよいです。後から来た参加者が、時間に間に合って着いたのに遅れてきたような気持ちになってしまいます。参加者が全員集まっているなら、参加者に確認したうえで開始時間を早めることもありです。

場を和ませて話しやすい雰囲気づくりを

自己紹介タイムにアイスブレイクなどを入れると、リラックスした状態でスタートできます。

当日の課題本やテーマに合わせて、たとえば料理が本のテーマであれば「思い出の料理」とかでしょうか。本に関係ない話をしてもらうのも、その後の時間に話題が広がったりします。お菓子やお茶などは簡単に用意できて、場を和ませる効果があるのでおすすめです。食物アレルギーには注意してください。

必ずしも、アイスブレイクが必要というわけではありません。以前にも書きましたが、**参加者同士のコミュニケーションには、休憩時間の方が大事だったりします。**

読書会に慣れていない人が多い場合は、感想をしっかり話すパートと休憩時間や本以外の話をするパートを分けることで、緊張がほぐれて活発なコミュニケーションが生まれやすくなります。持ち込み方式の読書会では、ただ本の紹介をするだけにせず、ゲーム形式にすると一層盛り上がったり、よい会になる場合があります。

◉ゲーム形式の例

- 発表の順番決めを工夫する（一番ページ数が多い人から発表する、初版の年数が古い人からなど）
- 全ての発表の後に、読みたい本を投票する
- 自分の感想を話す前に作品を朗読する
- 参加者が一対一で質問し合う時間をつくる

あえて、紹介者の発表時間が終わった後に、発表者以外で感想を話し合う（発表者は静かに聞くだけ）時間を設けるなど、ちょっと変わったシチュエーションにすると盛り上がることもあります。紹介本の読書会の場合、読んでいない本が中心になります。参加者同士の共通の話題をつくるための工夫があるとよいでしょう。

◉終わりよければ全てよし

「課題本方式」「持ち込み方式」を問わず、**読書会の最後に参加者ひとりずつから一言でよいので感想をもらうようにしましょう**。これは簡単なことですが、とても重要なポイントです。話してもらう内容は、言い残したこと、読書会全体の話、お菓子の感想、なんでもＯＫです。フリートークであまり話せなかった人に対するフォローにもなりますし、話し足りなかった人の満足度も上がり、次の読書会につながるアイデアや意見が出ることもあります。また何か困ったことや不満があった場合、解消してもらうタイミングにも使えます。

会を閉めたあとも、読書会は終わりではありません。

終了後に、参加者同士や主催者も交じって会話に花が咲くことが多々あります。むしろ、終わった後の方が、同じ本の感想を共有したことで一体感が生まれ盛り上がるかもしれません。会の最後に一言もらうようにおすすめしましたが、会が終わったあとはさらにリラックスした雰囲気で話をしてもらうことができます。緊張がほぐれた状態で出てくる感想は、意外と核心をついた内容になっていることもあります。

さらに話が盛り上がりそうであれば、参加者を含めて打ち上げに行くこともあるかもしれません。より親睦を深めることで、**読書会をサポートしてくれる仲間を増やすことができるかもしれません。**新しい仲間と一緒に考えるとひとりでは思いつかないアイデアが生まれることもあります。なにより心強いです。

しかし、打ち上げ、交流会ばかりが目的になってしまい読書会が疎かになっては、他の人の感想や新しい本との出会いを楽しみにしている人にとって、残念な会になってしまいます。友人や常連の参加者ばかりと盛り上がって、他の人をないがしろにしてしまうと、新しく参加する人のハードルが上がってしまいます。

打ち上げ、交流会をやるかやらないかを決めるのは自由です。

ちなみに私たちの読書会は、会が終わったあとはさらっと解散することが多いです。それは自分のお店で開催しているので、わざわざそういう時間を設けなくてもよいからです。まだ話したい人は残ってくれる場所がありますし、そうでない人はお店の本棚を眺めることもできますし、帰りたい人はふらっと出ていけます。

ここで大切なことは、打ち上げ、交流会に限らず、**主催者自身がどんな読書会にしたいのか、どんな空間だと居心地がよいか、しっかり考えてイメージすることです。**それを見極めるためには、開催する場所の特性をしっかり把握することが重要です。一回だけではわかりません。いろんな場所、形式、日程などを何度か試してみることで、参加者がどんな反応や行動をするのか観察して、それを元に、場所やスケジュールを設定すると、主催者・参加者の両者にとってよい読書会になるはずです。

なにはともあれ、終わりよければ全てよしなのです。

◉次の読書会はもう始まってる！

先ほど終わりの話をしましたが、実はまだやることがあります。

簡単でよいので、自分たちの目的通りの会であったか、盛り上がったポイント、困ったこと、集客、価格、などについて振り返ることをおすすめします。

読書会に正解はありません。自分たちのやりたいようにどんどんカスタマイズして、常によい読書会になるように追求していきましょう。

振り返りと同様に大事なことがもう一つあります。

それは、次の読書会へつなげるアクションです。次回の内容が決まっていたら、告知をすぐに出すと人が集まりやすいです。募集期間が短いと読む時間の確保が難しく集まりが悪くなります。読書会の最後に次の予定を宣伝できると効果的なので、できれば当日までに次回の予定を確定しておきましょう。また、読書会の最中に参加者と一緒に次の内容（課題本やテーマ）や日程を決めると、次の会への参加率が高くなります。

後日、次回のお知らせを送ったり、読書会の感想レポートを書いてそれを共有したりするのも集客につながります。参加してくれた人たちへ直接連絡をしましょう。

読書会が終わった瞬間、次の読書会はもう始まっています。

これであなたが読書会をつくる準備はすべて整いました！
あとはアイデアを形にするだけです。
楽しい読書会ライフをお送りください。

Column

ビブリオバトル必勝法

Cat's Meow Books 安村正也

【※註】ここからは、公然の秘密ではあるが、明文化されたことのなかった内容が含まれるため、筆者がビブリオバトルの世界から姿を消しても、決して真相を追ってはなりません。

最初に、「ビブリオバトル必勝法ってあるんですか?」

あります。競馬必勝法のように胡散臭く聞こえますが、本当です。それだけで本が一冊書けます。しかし、文字数も原稿料も足りないので、ここではビブリオバトル〝必敗法〟を伝授します。

突然ですが皆さん!で始める

参加者への質問で発表に集中させようという、ビジネスプレゼン的な考えは捨てましょう。就職や転職の面接でも、テンプレ通りのことしか言えない人みたいに見えます。

用意した原稿を読み上げる

首相が答弁の原稿を棒読みしているからと言って、国民がマネをしてはいけません。緊張で頭が真っ白になってから絞り出したことばの方が、人柄が表れて面白くなります。

練習しすぎ

一字一句まちがえないよう完璧に暗記した発表からは、感情が伝わりません。せめて、Siri かGoogle アシスタントの物まねをしながらだと、ウケルカモシレマセンネ。

全員が知っているのに知らないふりをする

古典やベストセラーの場合に、あらすじや内容の紹介はいりません。その本を読んだ、あなただけの狂ったきっかけ、あなただけの狂った感想を聞かせましょう。

否定的なことを口に出す

非の打ちどころがない本に出会うことは、そうそうありません。結婚したあとに小言ばかり言う人と思われないよう、いいところだけをほめましょう。

オチを言ってしまう

映画館で次の上映回を待っている客がいるのに、見終わったばかりのラストシーンを口に出すようなものです。密かに殺意を抱かれる可能性があるので、お気をつけください。

以上をすべて実践すれば、絶対に勝てません。ところが、よほどのド変態でない限り、人はゲームに勝ちたいと願います。よく、「本を紹介するのに勝敗を決める必要があるんですか？」と訊かれます。勝敗があるからこそ、発表者は読んで面白かった本への想いを熱く、他の参加者が読みたいと感じるように、自分のことばで語るのです。

最後に、「ビブリオバトル必勝法ってあるんですか？」

あります。本当です。勝ちたいと思って、何度も参加してみてください。いつか、あなただけの〝必勝法〟が生まれているはずです。

なぜ読書会を開くのか？

――主催者に聞く！

主催者に聞く！
①

猫町倶楽部

猫町倶楽部は年間約二〇〇回の読書会を主催・運営する日本最大級の読書会コミュニティ。一年間の延べ参加人数は約九〇〇〇人。一度の読書会に集まる人数は最大三〇〇人、下は一〇代から上は七〇代までと幅広い世代に支持されています。主宰の山本多津也さんにお話をうかがいました。

――猫町倶楽部とはどんなところでしょうか。他の読書会と違うところはありますか。

山本　猫町倶楽部と他の読書会との一番わかりやすい違いは「規模」です。規模の大きさから出てくる面白さが猫町倶楽部の魅力と言えるかと思います。読書会は常に数十人規模で毎日開催していて、コミュニティとしても大規模です。

――ご著書『読書会入門』の中で「曖昧な会話」ができるところが読書会の魅力だよ、と書かれていたことが印象的でした。曖昧なだけに一言では魅力を伝えられないのが読書会ですよね。

山本　読書会にはいろんな側面や可能性があります。自分の読みを相対的に見られるとか、ひとりで読んだときにはよくわからなかった部分を補完してもらえる効果もあったり。読んだ感想をアウトプットすることで自分の考えが整理できるし、対話によって思考が飛躍することもよくあります。でもそういった「読書の効用」だけ伝えても、読書会の魅力を伝え切ることにならないんですよね。

――猫町倶楽部を開催する前にも社会人が集まる取り組みをしていたそうですね。

山本　最初は経営者の勉強会だったんです。コミュニティにするつもりはなかった。経営セミナーに行ったとき、受講した人たちがセミナーが終わった後、無言で帰っていく姿を見てもったいないなと思いました。こういう勉強する意欲のある人たちとコミュニケーションをとりながら勉強できる場があったら、セミナーよりもずっと価値がありそうだなって。そこから、課題の本を読むくらいの意欲のある人が集まってくる勉強会があればよいなと思って自分で始めたんです。それは今の猫町倶楽部みたいなものではなくて普通のビジネスの勉強会です。最初は三人の友人と始めました。友達が友達を呼んで、半年くらい経って一五～二〇人になったんです。ちょうどこれからはＳＮＳがビジネスで使われるようになるって言われ始めていた時期で、まだフェイスブックもツイッターもない時代でした。その頃一番盛り上がっていたのはミクシィで、ＳＮＳを勉強するつもりでミクシィを使ってメンバーに勉強会の告知をしてみたんです。「名古屋アウトプット勉強会」という名前でした。外部の人が入ってくるとは全く思ってなかったんですが、いきなり二〇代の人が二人も参加してきてえーって驚いた。それで若い人にも興味を持ってもらえるならと、友人という枠を超えてオープンな形でやろうと思ったんです。

――ＳＮＳをキッカケに人が増えていって、大きな規模になったんですね。

山本　告知文も外部の人が参加しやすいように工夫して。それであっという間に増えていきました。そのうちに、文学の読書会もやってほしい、って声が出始めて、私は文学も好きだし、じゃあ遊びのつもりでやってみようかなと思って。文学じゃそんな集まらないだろうなって思ってやったんですけど、これもあっという間にどんどん人が入ってきた。その頃は、人が集まってくることが楽しくなっていて、どれだけ集められるんだろうってモードになっていましたね。一年後にはｍｉｘｉのコミュニティが五〇〇人くらいになっていた。その翌年には、一〇〇〇人、次には二〇〇〇人みたいな。最初はカフェの一角を借りて、他のお客さんに気をつかいながらやってたんですけど、すぐに貸し切りできるようになって。その頃に猫町倶楽部と改名しました。

――猫町倶楽部では読書会の後の食事をしながらの交

流会も特徴的ですよね。その頃から、懇親会を行っていたんですか？

山本　そうですね。初期の話ですけど、一〇人くらい集まって読書会をした後、懇親会もやりますって一応誘ってました。強制じゃないのにほぼ全員残るんですよ。参加してくる人たちが楽しいと私も楽しい。苦労がないと言えば嘘なんだけど、どっちかと言えば九割楽しい。その九割の楽しさのために一割くらいの苦労は仕方ない。今でもそうです。苦労の方が大きくなることはないですね。

――猫町倶楽部の読書会に参加したときに、山本さんはとても楽しそうでした。

山本　そうなんですよ。運営を手伝ってくれるスタッフがいるんですけど、その人たちにもずっと言っているんです。「参加する人を楽しませようとする前に、自分が一番楽しいと思う会にしてください」って今でも言ってますね。一五年やってきていますけど、運営のポリシーはずっと変わってないんですよね。最初と、テクニカルな部分は変わってきていると思うんですけど、根本の部分は変わっていないですね。中心になってやっている人たちが楽しそうにしないとね。そうやってやると、みんなも楽しんでくれるんです。これって幸せだなって思いますね。

――この本を読んでいるみなさんには、読書会に参加するのも楽しいけど、主催するのはその二倍くらい楽しいよってことを伝えたいんです。

山本　絶対そうですよ。

――さらに詳しく、主催の楽しみについてお聞きしていいですか。

山本　まずですね、意外に思われるんですけど、私は人が主催するパーティーに参加して知らない人に積極的に声をかけていくことには苦手意識があるんですよね。コミュニケーションをとるのが苦手というわけではないですけど、異業種交流会とかに行って、いろんな人と人間関係をつくるという想像はできなかったんです。でも、主催するとこっちから声をかけなくても向こうから話しかけてくれる。人間関係のきっかけをつくるハードルが圧倒的に低くなります。主催者であることは、そういうところでもお得感がありますね。

――猫町倶楽部の場合は、読者の声を求めている作家さんが読書会に顔を出すこともありますよね。

山本 そうですね。読書会の主催の楽しみの一つですね。みんなが猫町倶楽部に集まってくれるから私が会いたい著者の方たちにも声をかけることができます。

――主催者の楽しんでいる姿が大事という話がありましたが、当日の司会やファシリテーションの役割についておうかがいしたいです。

山本 そこは意外だと思われるんですが、猫町倶楽部の場合は、運営側のサポーターがファシリテーターをやるわけではないんですね。参加者にやってもらうんです。設立当時はファシリテーターは本をちゃんと読み込んでいて仕切りも上手な人がやるべきだと考えていて、私が声をかけてファシリテーションをお願いしていたんです。そうしたら、あるとき、なんかおかしいぞって気がついたんですね。会に参加している人が、四回目以下の人と一〇回以上の人ばかりになっていて、その間の層がほとんどいなくなっていた。これはなんだろうと。いろいろ探っているうちに、何回も参加しているのに自分はファシリテーターとして認めてもらえないんだな、と思って抜けていく人が結構いることがわかったんですね。これはよくないぞと。猫町倶楽部は、そもそもヒエラルキーをつくらないことを意識してやってきたんです。しかし、結局ファシリテーターが権力みたいになってヒエラルキーができちゃうんですね。だから、上手い下手は関係なく、参加回数四回目からどんどんやってもらおうって方針に変えたんです。今は四回以上参加したことのあるメンバーからランダムでやってもらうようにしています。ですから猫町倶楽部においてはファシリテーターの役割は、読書会の自己紹介を回すのと対話が始まるまでの導入部の仕切りくらいですね。

――テクニックのある人が引っ張っていくのではなく

て、参加しているみんながファシリテーターを支えることを通じて、その場をフラットにする。ファシリテーターを一つのパーツとしたんですね。

山本　そうですね。ヒエラルキーが見えちゃうと、参加者は自分が思っていた感想を素直に言えなくなってしまう。権力を持っていそうな人に同調しちゃうことが起きちゃう。そういうことはできるだけなくそうと思っていますね。勉強会とか研究会の場合は、課題本を深く理解している人が仕切る必要があると思いますが、猫町倶楽部はそういう方向性の読書会ではないのでこの形にします。自己紹介のときに参加回数を言ってもらうのもヒエラルキーを生んじゃうな、と思っていて、最近では参加歴は聞かない方向になっていますね。

——何度も来てくれる人がいることは嬉しいです。でも、それを主催者が強調しすぎちゃうと、初めて参加する人が萎縮しちゃうんじゃないか、という不安も同時にありますね。

山本　常連さんはもちろんありがたい存在ですけども、常連さんばかりでもコミュニティは続かないんですよね。流動性ってかなり大事で、出ていく人と入ってくる人がバランスよくいるから長く続けることができるんです。その意味で、私は少人数の読書会の方が、長く続けるのは難しいんじゃないかと思ったりしますね。ひとり辞めて、ふたり辞めて、そこですぐに補充できればいいですけど、少人数の場合だとなかなかそういうわけにはいかない。猫町倶楽部では、三年くらいで八割が入れ替わります。数年で来なくなる人も多いのですが、その分新しい人が入ってきてくれています。

——開かれたコミュニティとして健全な感じがしますね。最近だとビジネスの一環として読書会をやることも可能だと思います。費用や収益についてはどう考えていますか？

山本　赤字になることは絶対に避けるべきです。主催する人が苦しくなるような仕組みでは続かないです。その意味で、最初の価格設定はすごく重要です。後で値上げするのは大変なので、最初は弱気で設定するべきではないと思います。猫町倶楽部って責任があるなって感じるのは、読書会では一応いちばん有名だったりするので、あんまり安い参加費でやっちゃうと他の読書会にも影響があると思うんです。猫町倶楽部は収益を求めているわけではありませんが、事務局は私ひとりでやっているので別の意味で大変といえば大変で、これ以上大きくなったら自分ひとりでは支えきれないなということもある。今は私を含めて全てボランティアで運営していて、儲けたいという気持ちはないんですけど、これからも発展していけるようにしたいので給料を払うスタッフを雇うくらいの収益化には関心があります。オンラインでの読書会をやり始めて、よりその思いは強くなっています。コロナが終息したときにオンラインとリアルの舵取りが難しい部分があるので今は冒険しにくいのですが、やれないこともないんじゃないかと思っています。

——猫町倶楽部のようにたくさんの参加者を集めるのは、なかなか難しそうに感じます。

山本　何をやりたいかによりますが、無理にたくさん集めなくてもいいんじゃないかなと思います。オンラインだったらリスクなくできるわけですからまず数人で始めて、それから方向性を考えても遅くないと思います。猫町倶楽部も集客に力を入れているわけではないんですよ。お金かけた広告はほとんどやっていないし、メンバーさんに他の誰かを勧誘するよう奨励したこともありません。辞めていく人をとめるようなことを言ったこともないんです。それからたくさん集めたい場合も参加費を安くしたり、簡単に読める本にしたりして、ハードルを下げれば人が集まるかと言えばそうではないんですよね。むしろ、ハードルを越えてきた人だけが参加できる設計の方が、人は集まってくる気がします。また集客に悩みがある人で、すでに宣伝活動をしているけれど、参加者が少ないということであれば、自分の既存のフォロワーではなくて、自分の外にいる人たちへアプローチをする方法を考えるのがよいのかもしれません。新しいSNSに登録したり、すでに使っているとしたら新しい機能を活用したりとか。

——自分の行動範囲外へどうアプローチするか、非常に重要ですね。

山本　人を増やそうとしていた初期の頃は、本好きだけじゃなくて、カフェ好きの人のコミュニティへアプローチしたりしましたね。こんなカフェでイベントやっているんで、来てくださいって。全然違う切り口で宣伝する方法もありだと思います。

――現在の猫町倶楽部は、どのような活動をしているのですか？

山本　毎日開催している公式読書会とメンバーさんの交流の場である「猫町ラウンジ」を中心に活動していますが、オンライン化でコミュニティの文化は激変しました。コロナ以前は全国規模といっても開催地域の人たち中心でしたし、地域によってコミュニティを分けていたので、地域ごとにメンバーさんは分断されていたんです。でもオンラインになると北海道の人も来れば、沖縄の人も、海外の人も参加できるようになった。当然と言えば当然ですが、それまで名古屋の猫町倶楽部の人は名古屋のメンバー同士だけ、東京の猫町倶楽部の人は東京のメンバー同士だけと交流していたわけですが、オンラインになって地域という概念もなくなりました。今は地域関係なしに皆仲良くなっていますね。オンライン読書会を始めてまだ一年ちょっとなので地域ごとの人間関係もまだ若干残っていますが、徐々になくなっていくんじゃないでしょうか。

――オンラインに移行する際に、抵抗感はありませんでしたか？

山本　そもそも私は設立当時からオンラインをやるつもりは全くなかったんです。コロナ禍になった当初も数ヶ月で終息するだろうからお休みすればいいくらいに考えていたんですね。でも二ヶ月休んだところでこれは簡単に終わらないぞと感じて、そこでオンラインをやることを設立の原点に戻って考えました。もともと猫町倶楽部の設立趣旨は生涯学習なんですね。そう思ったときにまず猫町倶楽部でオンラインをやる意義をどこに見つければいいのかって考えたんです。オンラインイベントって誰でも気軽にできますよね。リアルのときには一〇〇人集まれば開催費用も数十万円かかって、赤字の可能性だってある。そういうリスクを全て私が負っていたんです。だから私がやる意味があった。でも、オンラインならそのリスクがない。だったらわざわざ私がやる必要もないなと。オンラインをやりたいメンバーさんが自主的にやれることを、私が、猫町倶楽部がやる意義がどこにあるのか。オンラインに対する抵抗感というよりも、猫町倶楽部としてオンラインで主催する意義がなければやるべきでないと考えました。猫町倶楽部の特徴は最初にお話ししたように「規模」なわけですが、オンラインだと一〇〇人集まっても読書会で六人ずつのグループに分けちゃうとそれ以外の人と交流する場はリアルのようにはつくれない。となるとたくさんの人を一堂に集める意味はあまりないなと。そうやって猫町倶楽部しかできないことがあるとしたら何だろうと徹底的に考えて、最後に毎日読書会をやることを思いつきました。毎日オンライン読書会ができるのは猫町倶楽部くらいだろうと(笑)。それで、最初に源氏物語五十四帖を五四日間毎日一帖ずつ読むというのをやろうと思いました。こういうのはリアルでやるのは難しいし、小さな規模の読書会でやるのも難しいですよね。そういうものをやれば、猫町倶楽部がオンラインをやる意味があると考えました。今もその模索中で完成形ではないけれど。

——オンラインの読書会って難しさがあると思うのですが、いかがでしょうか。

山本　おふたりが難しいなと思うところはどこですか？

——初めて参加してくれる人たちとのコミュニケーションが難しいです。オフラインの読書会のときは雑談をしたりしてお互いに緊張をほぐしてから始めるんですが、その雑談が複数人いるオンラインの場だとしにくい。

山本　私もそう思いましたし、そこをどうしようかなと考えました。確かに、オンラインは、雑談には向いてないんですよね。向いていないものを無理にやって、なんか面白くないって印象をつけたくなかったので、まず懇親会をやめようと思いました。その代わりに「猫町ラウンジ」っていうSNSをつくって補完しようと。読書会だけじゃ寂しいって人にはそこに入ってもらってますね。最近では、オンラインにも慣れてきて懇親会もやってますけどね。どんな形でやっていくかは、今後の技術の進化などでまだまだ変わってきそうです。とにかくリアルの読書会に近づけようという考えを捨てようと思いました。リアルな読書会が理想で、それに近づけないとダメだよねって考え出すと、オンラインは永遠にリアルには勝てない。実際、リアルからオンラインになった初期には、今まで参加していた既存メンバーの三分の一が去っていきました。それにはいろんな理由があると思います。オンライン嫌いという人もいますし、家族がいるところで話しづらいとか、機材の問題もありますね。でも逆にオンラインだから参加できる、オンラインだから楽しいって人も増えてきた。今は全国からメンバーが集まり地域の垣根を超えて交流しているのを目の当たりにしているから、オンラインにはオンラインのよさが絶対あると確信しています。今後もオンラインならではのよさをどれだけつくっていけるかを考えたいですね。

——山本さんが一番印象に残った読書会はありますか？

山本　リアル時代の読書会ですがサミュエル・ベケット『ゴドーを待ちながら』ですかね。結構集まったんですよ。猫町倶楽部の文学の読書会には意外と文学ガチの人って少ないんです。ベケットが課題作品だからといってベケットが好きな人が来るわけではないんですね。著者がゲストに来るときでも、ゲストのファンばかりが来るわけじゃないんです。手前味噌ですが猫町倶楽部はそこが面白いなと思っています。それで、『ゴドーを待ちながら』の感想を皆で話したわけですが、読んでいて面白くなかった、わからなかったという人が大半だったんですね。だけど読書会としてはものすごく盛り上がっていったんです。終わってみたらこんなに面白い読書会は初めてだったっていう人が続出した。こういうケースは『ゴドー』だけではないんです。わかりやすい内容の本よりも、皆がイマイチ理解できてないという本の方が読書会は面白くなりますね。他に、トマ・ピケティ『21世紀の資本』のように分厚い本、最初の五〇ページくらいで挫折した人が八割みたいな。そういう本にむしろ沢山集まる傾向がありますね。ドストエフスキー『カラマーゾフの兄弟』とかでも一〇〇人が集まる。美術館で、ジャクソン・ポロックの回顧展があったとき、クレメント・グリーンバーグの批評選集を課題本に読書会をやったら六〇人くらい集まったんです。

——すごい！

山本　そのときは、美術館キュレーターの人たちがすっごい驚いてて。ハードルの高いものやニッチな本の方が、人がたくさん集まってくるという確信が持てました。

——参加条件を「読了」にしているのも、参加するハードルを設定するためですか。

山本　読書会は、そこに意味があると思うんですよね。ひとりでは読み切れない本でも締め切り効果やコミュニティの力で読める、みたいな。

——古典の作品を課題本にすると、世代を問わず盛り上がる傾向がある気がしています。夏目漱石でもそうですけど、変なところがたくさんあるわけですよね。読んでもわからないところがあるからこそ研究もたくさんされていますし、語れるところがある。

山本　わかりやすい本だと、わざわざ集まって対話する意味も薄いんですよね。意見が分かれる本の方が絶対に読書会としては面白くなりますね。

——これから読書会を始めたいという人たちに、メッセージがあればいただけますか。

山本　私は終わった瞬間に次の読書会が楽しみになるような、そういう会にするためにどうしたらいいかってことをいつも考えています。人のためとかじゃなくて、どんな感じの読書会なら自分が楽しめるか、どんな人に集まってほしいのかっていうのを優先してやるのが一番いい。ですからこれだけ規模が大きくなった今でも課題本は私が決めていますし、なるべく無駄な労力をかけたくないから無理に人に合わせない。人との調整が一番手間がかかりますから。でもそういうやり方でもいいよと思う人が結果的に集まるわけで、だから私も一五年間楽しくやれているんですね。猫町倶楽部が合わないと思う人は自分に合う好きな読書会を探したり、自分で主催すればいいわけで。だから辞めていくメンバーを引き止めたりも一切しません。いろんなタイプの読書会がどんどんできていくと面白いと思います。主催をしたい人はマーケティング的な発想で読書会をやるよりか、自分はこういう読書会をやりたいんだという思いがある読書会をやってほしいですね。そうすれば、より読書会文化に多様性ができて楽しいものになっていくと思います。全ての読書好きは、お気に入りの読書会を一つ持っているって感じになっていくことを夢見ています。

主催者に聞く！②

GACCOH

「GACCOH」は京都出町柳にあるコミュニティスペースです。読書会をはじめ、さまざまな本に関連したイベントを行っています。今回は、GACCOHの太田陽博さん、こちらのスペースで読書会を企画・運営している「関西クラスタ」からしょうへいさん、谷川嘉浩さん、倉津拓也さん、うきくささんをお呼びして、お話をうかがいました。

――京都にあるコミュニティスペースGACCOHについて、お話をうかがっていきます。よろしくお願いいたします。

太田　よろしくお願いいいたします。このスペースを管理している太田です。今日は、読書会などでよくGACCOHを使ってくれている関西クラスタの面々にも同席していただいています。

――ありがとうございます。さっそくですが、GACCOHを開いた経緯を教えてください。

太田　この場所は、もともと2010年に引っ越してきた僕の自宅です。今でも上の階に住んでいて、一階がイベントスペースになっています。すぐにこういういろんな人が使ってくださるスペースになったわけではなく、最初は、興味のある分野の先生を呼んで自分が学ぶ、自分のための学校を作りたいなと思って始めました。ただ、それだけでは生きていけないので、講座に関しては他の人も参加できるようにしたり、空き部屋をシェアハウスとして貸したり、時間貸しのレンタルペースをすることで、自分のしたいこととお金を稼ぐことを両立する方法を模索していきました。そして、そこをGACCOHという名前にしたんです。

――「家びらき」や「住みびらき」という考えがありますが、そういうことでしょうか。

太田　いまではそういう言い方もできますが、「住みびらき」をしようと思って始めたわけではないですね。まずは自分が学ぶためのスペースを作りたいというのが先にあって、その過程で仕方なく（笑）開いていったという気がします。

倉津　GACCOHというスペースの特徴は居心地のよさだと思います。京都にある多目的スペースって、町屋を改装した温もりのある空間みたいなものが多いんですけれども、GACCOHは、太田さん好みのシュッとしたデザインで、全部白で統一されている。一階の部屋は美術館のホワイトキューブのようで、さまざまな議論を受け止めることができる、素晴らしい空間になっていると思います。もともとは二部屋だったところを、太田さんがすべて手作業で一部屋にリフォームしているんです。太田さんが前に言っていたんですけど、壁を抜くときに、「もう後戻りはできないと思った」と。「俺はもう前に進むしかない」と言って決意したそうです。一階のテーブルや椅子は太田さんの手づくりで、これもGACCOHらしいシュッとしたデザインながら木製で温かみがあり、それが居心地のよさにつながっている気がします。

——当初思い描いていたイメージと現在のイメージに違いはありますか？

太田　全然イメージ通りではないですね。スペースを運営しつつ自分も学ぶってなかなか両立しない部分もあって、その点はそんなにうまくいってないです。反面、関西クラスタはじめ、いろんな人が出入りしてくれるようになったことで、思いがけない方向に自分の興味関心が広がったり、知らないうちに巻き込まれていたり、僕がああしたいとかこうしたいとか関係なく、別の企画や講座が始まったりすることもあって、そこはいい意味で想定外でした。

——一階のスペースではこれまでどんなことをされていますか？

太田　僕が企画するのは主に哲学の入門講座だったり、絵画教室や水墨画教室も定期的に開いています。あと、関西クラスタが運営する読書会が行われていたり、他にはレンタルスペースとして地域の人や学生が各々のイベントで使って下さっています。

――読書会について詳しく聞いていきたいと思います。読書会を始めたきっかけを教えてください。ＧＡＣＣＯＨの読書会の多くは、「関西クラスタ」が主催していますよね。

太田　もともとは、僕がこういうスペースをつくったのはよいけれども、場所を活用してくれる知り合いもいなければ、自分で企画することもできていなかったときに「関西クラスタ」という集まりが、近くで読書会をやっていることをＳＮＳで知りました。そして彼らが主催する、國分功一郎『暇と退屈の倫理学』の読書会に参加したんです。そこで、「もしよかったら次の読書会をＧＡＣＣＯＨでやってみませんか？」というふうに声をかけたのが、僕の記憶の中での最初のきっかけです。

――太田さんは、読書会によく参加していたんですか？

太田　ほとんど参加したことがなかったです。そのときが、初めての読書会だったと思うんですよね。本音を言うと、場所を使ってほしいと思って営業で行ったと思うんですよ。

しょうへい　太田さんは、たまにしか読書会に参加してないですもんね。

谷川　後で読書会の雰囲気とか、本のあらましを聞いたりしていますね。

太田　本を読みたいっていう気持ちはあるんです。僕がしょうへいさんたちと違うところは、活字をとにかく読みたくて仕方がない人ではないというか、本が常に身近にあるっていうわけじゃないんですよね。「読みたい！」という気持ちだけが先行していて、行動は全く伴ってない、みたいな。そんな自分にとっては、読書会ってすごい遠い存在で、ＧＡＣＣＯＨで開催してなければなかなか自分では行かないと思う。でも、こういう場所を使ってくれる人がいるから、ちょっとは読書会を体験できています。本を読む機会をもらっています。不思議です。なんか不思議というか奇妙ですね。

うきくさ　ＳＦの読書会をしたときだったかな？　太田さんが、海外ドラマの話をしてくれたことを覚えていますよ。海外ドラマに関連づけて、作品の文脈を説明してくれたり。

太田　僕は本を読むよりは、映像を見る方が身近だし、優先順位が高くなっちゃうんですよ。なかなか本に手が伸びない。読書会を自分のスペースでやってもらっていることによってかろうじて本に触れる機会がある。こういう環境でなければ本との繋がりがやばいでしょうね。

谷川　太田さんは人の話を聞いたり、しゃべったりすることには負担がないですよね。太田さんが主催するイベントで研究者を呼んで、いろいろな哲学者について紹介してもらう「やっぱり知りたい！　〇〇」シリーズをやっていますが、そこではじっくり味わっているじゃないですか。活字だとしんどいけど、音や映像なら問題なくいける。この姿勢は、すごく一貫しているなと思って聞いていました。でも、耳から入るのも立派な勉強だし、読書ですよね。研究者でも本や活字を読むのが苦手な分、人が話したことを誰よりもよく覚えていて、人から学ぶことで活路を見出す人もいます。

太田　もしかしたら、僕が活字に合ってないのかもしれない。まあ、長さの問題かもしれないですけど。

しょうへい　本を読むのって力要りますもんね。忍耐力みたいな。

谷川　「座り続ける能力」かもしれないですね。

——筋トレみたいなものですよね。本を読むのって。

谷川　実は本を一冊読み通すのに、体力が要りますよね。単に少し文字を読むのとは違う。読書は、何時間も決められた仕方で目を動かすし、身体は固定するし、頭は使うし。ジョギングや筋トレのように、読むための身体や習慣が必要だと思います。

——倉津さんが司会をする哲学や人文学の読書会と、しょうへいさんたちがやっている小説の読書会では、雰囲気が違いますよね。

太田　どちらもたまに参加しますけど、だいぶ雰囲気が違いますね。倉津さんの読書会はレジュメを作って文章を丁寧に読んでいくスタイルで、しょうへいさんの読書会は扱う本が小説ということもあると思いますが、割と自由に感想を言いあって進んでいく印象です。

——読書会をするときの本はどのような視点で選んでいるんですか？

倉津　読書会をやって、盛り上がるような本かどうかですね。あとは、本が売れたりとか、本に関心を持つ人が増えたりするだろうとかです。

——書店員目線なんですかね。

倉津　書店員であることは関係あると思います。ただ仕事に関係なく、よい本が売れるというのは嬉しいことです。僕が働いている書店で買ってくれたらもちろん嬉しいですけれど、イベントをきっかけにして、どこかの本屋でその本を手に取っている人がいたら素晴らしいと思います。今、本って年間七万点以上出ていると言われています。よい本だってほとんど読まれないまま市場から消えていくわけです。読書会がきっかけで、よい本が一冊でも読者に見つけられたらな、と思います。

——うきくささんは、GACCOHの読書会に結構熱心に参加されているようですが、参加のきっかけを教えてください。

うきくさ　GACCOH自体は、関東にいたときから双子のライオン堂とかとも仲がよかったので知っていました。読書会に参加したきっかけは、こっちに引っ越してきて、大学以外に誰か友達をつくらないといけないなと思って。それこそサードプレイスをつくろうじゃないですけれど。初めて参加したのは、伊藤計劃

『虐殺器官』読書会だったと思います。私はめちゃくちゃ本を読む方ではないので、本の話以外もしていいなら参加しやすいなと。

――GACCOHのイベントについての印象を教えてください。

うきくさ　私の関心的にはサイエンスコミュニケーションだったりするので、GACCOHのイベントは、人文系とか人文社会学系のことに触れる接点だったり、窓口だったりします。これは、すごく重要な話で、私みたいにずっと生物学ばっかりやってきた人間が、どうやって人文・社会学とかを勉強していくのか。文学のテーマを理解していくのかというのを考えているんです。だからGACCOHをきっかけにそういうのに触れていけるので、ありがたいですね。

――しょうへいさんが読書会を始めたきっかけを教えてください。

しょうへい　私が読書会を始めたのは、こういうイベントが周囲に少なかったからです。東京にいた頃は本に関するイベントがたくさんあって、それこそ大きな書店であれば毎日のようにトークイベントをやっているところもあると思うんですが、関西に戻ってくると自分の生活圏内にはなかった。大学のゼミとか、勉強や研究を目的とした読書会はありましたけど、なかなか自由がないんですね。なので、自由に自分の面白いと思うことをやろうって、読書会を始めたというのがきっかけですね。

――自由がないというのは「こういうテーマで理解を深めよう」など、学習の目的が最初から設定されていて、それに向かって読むというような活動でのことでしょうか。

しょうへい　そうですね。それに加えて、本を理解するために読み方がきっちりしていると思います。私はそういう読み方って言うよりは、本が好きで面白く読みたい。本を中心に、誰かと一緒に話をしたいというモチベーションがありました。あんまりこう知的探究心みたいなものは、求めていなかった。どちらかというと、人文系を読む友達がそもそも少なかったので、そういう友達をつくりたいなと思ってという感じですね。

倉津　本に基づいて自由に対話する読書会の空間は、独特だと思います。通常の社会の価値観とは異なる空間を実際に体験するっていうのが、読書会のよいところかなと思います。こういう場所って大切です。会社の同僚や家族、友人と一緒にいるときの日常の空間とも違う。自由って大事だよねとか、人権って大事だよね、ということが前提になってコミュニケーションをするということなく安心できることが前提になった上で議論ができる空間。何を話しても脅かされることなく、また脅かすことなく安心できることが前提になった上で議論ができる空間。ただ単に、本について自由にしゃべりましょうっていうと、コミュニケーション能力の勝負になるんですよ。だから、テキストに基づいて話すというのがいいかなと僕は思います。

――「関西クラスタ」として、読書会で意識していることはありますか？　運営のポイントやテクニックなどがあればうかがいたいです。

しょうへい　「関西クラスタ」は観客であること、プレイヤーでないことを意識しています。元々は、関西にいる人文学が好きな人たちが自然に集まってできたコミュニティなので、読書会やイベントに著者の方が来てくれたりすることもあるんですが、参加者も著者もフラットに議論する形式を基本にしているところが面白いところで、これをポイントにしています。

あとは、コミュニティが固定化しないように気をつけています。これは読書会をやる人に向けての話というか、個人的な意見なんですけれども、何も考えていないと関係性も内容もどんどん閉じていってしまうと思っていて、違うことをやるのを意識しています。そうすると新しい出会いがあって、新しいことに挑戦できる。そして新しい参加者が来てくれて、よい循環が生まれるのかなと思います。意図的にやっていないことをやろう、前回と違うことをやろうっていうのを企画のときは考えています。そうすることで、メンバー自体も企画ごとに全然違うメンバーになって。SFに興味があって参加してくれたうきくささんが、今度は村上春樹を読んでみようかなってなってくれたり、そういうことが一番嬉しいですね。

――しょうへいさんは、当日のファシリテーションについても工夫をされていますか？

しょうへい　このまま話が進んでも、先につながらないなというときには積極的に話題を変えるとかはしていますね。あと、話したそうにしている人がいないか、参加者の雰囲気を感じとるようにしていますね。話の流れを見ながら、次に誰に振ろうかなっていうのを考えながらやっているような気がします。初めて参加した人がいるときは特に意識して、その人がちゃんと読書会に参加したな、って思いながら帰ってほしい。

――オフラインとオンラインの違いを教えてください。

しょうへい　まずオンライン・オフラインに関係なく、読書会は初めて参加するハードルが高いと思うんですよ。だって読書会ってなんか怪しいじゃないですか（笑）。だから、雰囲気を知ってもらうために、オンラインの読書会をポッドキャストとかで公開していたんですよ。

――それは面白いですね。Ｚｏｏｍなどで今はやられていますか？

しょうへい　基本はＺｏｏｍでやってます。参加者全員がＺｏｏｍを利用しているときは問題ないのですが、難しいのがＺｏｏｍを使っている人とリアルの会場に集まった数人を交ぜてやるときですね。オンラインで参加している人たちと、リアルの会場にいる人で、どうしても上手にコミュニケーションできないんです。自由な議論を促すより、ディスカッションするみたいな形式をとるのがいいかもしれないですね。コメント機能とかを活用して、誰かが話しているときは他の人はコメントを書いておくとかルールをつける。それこそ会議のファシリテーションの技術ですよね。

主催者に聞く！
③

八戸ブックセンター

八戸ブックセンターは、２０１６年に青森県八戸市に誕生した公営書店。本の販売だけではなく、読書や執筆、地域のコミュニティについても考えている新しい公共施設です。今回は、所長の音喜多信嗣さんと館内のイベント企画などを担当している熊澤直子さんにお話をうかがいました。

——八戸ブックセンターについて教えていただけますか？

音喜多　所長の音喜多です。ここは、八戸市が運営する施設で２０１６年12月にオープンしました。書店の機能を持たせていますが、「本」をきっかけとした「まちづくり」を推進する公共施設ですので、私を含めて、市の職員がスタッフとして運営に携わっています。

この施設の目的は、本をたくさん売ることではなく、本をたくさん読んでもらう、好きになってもらうことを第一にしています。館内の本は全て販売していますが、売れ筋ではないが、地方の民間書店では扱いにくい本を選書しており、特徴ある陳列もすることにより、「本との出会い」を創出するようにしています。また、本の販売だけではなく、読書会や作家をゲストに招いてのトークイベントなど、本に関するイベントも数多く実施しています。

——行政が立ち上げた本屋さんというのは珍しいですね。

音喜多　役所が本屋をつくることになりましたが、ノウハウを持っているわけではありませんので、全国から民間書店の経験があるスタッフを募集しました。そのときに応募してくれて、開館準備から携わっているスタッフのひとりが、今回同席している熊澤さんです。

熊澤　熊澤と申します。書店経験のあるスタッフは他にもいますが、私は、青森県内の書店に勤めていました。今は、イベントやプロジェクトの企画、運営などの仕事をしています。

――八戸ブックセンターにある本は全て買えるのでしょうか。貸し出しもされていますか？

音喜多　全て販売していて、貸し出しはありません。

――閲覧は自由ですか？

音喜多　椅子やハンモックなども配置していますので、自由に立ち読み・座り読みができます。気に入った本があったら購入して自分のものにしてください、という考えですね。

――飲食もできますか？

音喜多　飲み物を販売しています。地元産のものを中心に、コーヒーやお茶、ビールやワインといったアルコールも含めて提供しています。

――面白い空間ですね。運営している方の視点から見える、八戸ブックセンターとはどのような空間ですか？

音喜多　公共施設で書店という珍しい仕組みになっているので、見学や視察で多くの方に来館いただいています。そこで私は「市営の書店です。役所が本屋を運営していますので、売れ筋の本ではなく、市内の民間書店ではあまり置いていない本を販売しています。そういった本を知ってもらう棚づくりをしています」と説明をしています。

――どうしても、売上を気にしちゃったりすると、よい本でも価格の高い売れにくい本などは仕入れられず、売れ筋が中心になってしまいますよね。

音喜多　そうですね。私たちは、テーマを決めて、テーマ毎の陳列を基本とした棚づくりをしています。それほど広い施設ではありませんので、この中で何が表現できるかを考えながら棚づくりをしています。また、ギャラリーも備えていて、本に関する展示も行っています。他に、読書会ルームもあり、ここでは読書会はもちろんですが、作家さんなどをゲストにしたトークイベントやワークショップなども行っていて、これらは、来館していただくきっかけづくりになっています。

——書店にとって、お店に来てもらうのは大事ですよね。このカンヅメブースというのはどのような場所ですか？

音喜多　カンヅメブースというのは、執筆専用の部屋です。本をたくさん読んでほしいという思いがありますが、本を書いてほしいという思いもあり設置したスペースです。本に限らず、文章を書くために利用いただいており、この他、執筆や出版に関するワークショップなども開催しています。このカンヅメブースで書かれた作品が大きな賞をとって、そのことをブックセンターとしても発表するのが将来の夢です。

——それは夢がありますね。「八戸書店」ではなく「八戸ブックセンター」だから、販売だけではなく、本にかかわるさまざまなことを扱うセンターなんですね。なんだか、ここの利用者が羨ましいです。話は戻りますが、そもそもブックセンターがつくられたきっかけを教えてください。

音喜多　全国的に書店が減ってきている中、地方の書店では、経営上の課題から、売れ筋を扱わざるを得なくなっています。売れ筋以外の本に出会う場所がなくならないように、そして、本でまちづくりができないかという中で２０１４年から構想が練られていきました。

——本好きは応援したくなりますね。

音喜多　市内には民間書店も図書館もあります。図書館のように「借りて本を読む」だけではなく、本を「購入・私有して読む」体験も必要という考えから、民間書店とも連携した「書店」という形態で開設しました。

——もともと、地域として本を大切にする文化があったんですか？

音喜多　市内には読書会を行っている読書団体が数多くありますが、それらをまとめる「読書団体連合会」という組織もあり、この団体は五〇年以上の活動の歴史があります。そういったこともブックセンター開設の後押しになっていると思います。

——読書会の連合会ですか！　とても面白そうな取り組みですね。初めて聞きました。読書団体について詳しく教えていただけますか。

音喜多　八戸市読書団体連合会という大きな組織があって、その下にさまざまな読書団体があります。もともと学校のＰＴＡが組織して何年も続いて残っているものとか、好きな人同士で集まって組織しているものなど、形態はさまざまで、現在は市内で二〇ほどの団体が活動しています。連合会では、合同読書会や作家を囲む会、文学旅行なども計画されていて、本好きが集まった和気あいあいとした集まりです。ブックセンターでも、連合会と共催で作家さんをお招きしてのイベントを開催したりもしています。

——もともと読書に関して意識が高い地域だったんですね。現在は、八戸市に本屋さんは何店舗くらいありますか？

音喜多　時代の流れなのかもしれませんが、現在では一一軒まで減ってしまっています。

——ブックセンターと地域の本屋さんとの関係性はどうなっていますか？

音喜多　開館する前には全書店から意見を聞きました。各書店の状況を聞きつつ、ブックセンターの計画内容を説明しましたが、反対意見はなく、協力したいと言ってくれました。最終的には市内の老舗の三書店が組合をつくり、ブックセンター運営の一部に携わってくれています。他にも一緒にイベントを実施することなどもありますが、ブックセンターは公共施設ですので、民間書店の架け橋になれるという強みがあり、それを上手く活用している感じですね。

――なんだか、いい話ですね。来場者はどのような方がいらっしゃいますか？

音喜多　平日は年齢層が高く、土日になると若い方や家族連れが多いように感じています。さまざまな媒体で紹介いただけたので、観光スポットの一つにもなり、県外からも多くの方が来てくれています。

――この地域には読書会の歴史があるというお話がありましたが、読書会ルームを設置したきっかけはなんでしょうか。

音喜多　ブックセンターは本の販売だけではなく、イベントを通して市民と触れ合いながら「本を好きになってもらう」という役割があります。そこで読書会ルームというアイデアがでました。アドバイザーに本屋B&Bなどを手がけているブックコーディネーターの内沼晋太郎さんが入っていますので、一緒に考えてできあがったという感じです。

――読書会ルームは有料で貸出をしているのですか？

音喜多　基本的に全て無料です。

――申し込みフォームが面白いなと思いました。申し込み欄で、本のテーマや利用方法を具体的に聞いているのはなぜでしょうか。丁寧なフォームをつくられた理由を教えてください。

音喜多　読書会ルームについては、貸館として利用いただけるのとあわせて、私たちの企画事業も実施します。企画を立てていく上で参考にしたいのと、これから読書会を始めたいという方に対しても、例としてお伝えするのに活用しています。

――読書会ルームの利用者はどういう方ですか？

音喜多　先ほど話した読書団体や、ブックセンターの常連さんでできたコミュニティにも利用いただいています。トークイベントなどの企画事業でも読書会ルームを使うことがあるので、その参加者同士で交流が生まれて、読書会を立ち上げるということもあります。

――読書会の参加者募集などのサポートはしていますか?

音喜多　お声がけいただければ、告知のお手伝いやホームページに情報を載せたりもしています。

――ホームページを見るとブックセンター主催の「本のまち読書会」などさまざまなイベントがありますね。市民の方主催の読書会も含めて、面白い取り組みや印象に残っている読書会などを教えてください。

熊澤　定期的に利用いただいている団体がいくつかあるのですが、小説を読む読書会だけではなく、短歌の読書会などもあります。私もブックセンターで働く前は読書会といえば小説を読むイメージがあったので、こういう読書会もありなんだなというのはそこで気がつきました。

――自主企画はありますか?

音喜多　そのときどきでスタッフひとりひとりが企画しています。最近では常連さんがどんな人たちなのかが見えてきているので、この方たちだったらどんなことが喜んでもらえるかなということを考えることもあります。

熊澤　スタッフそれぞれの興味で企画しています。私であれば「その年の話題になったベスト本を読んでみよう」という企画を立ち上げました。他のスタッフであれば、絵本を読んでみようとか、猫の本を読んでみようとかそれぞれの関心を活かして企画していることが多いです。形式もいろいろあって、一冊の課題本を決めてみんなで読み合う読書会もありますし、館内で表紙が気になった本を選んでその表紙のどこが気に入ったかを語り合うという、事前の準備が不要で飛び込み参加ができる読書会もしています。

――それは面白そうですね。具体的な読書会の進め方を教えてください。

熊澤　表紙が気に入った本をみんなで語り合おうとい

う「ジャケ読」読書会の流れを例にお話ししたいと思います。まず自己紹介から始まって、なんでこの読書会に興味を持ったのかというところからスタートします。会の趣旨をちょっとお伝えして、その日集まった人数にもよりますが、二〇分くらい自由時間をとって、館内で自由に本を選んでみましょうとなって解散する。しばらくするとみなさん、本を手にして戻ってきます。一冊の方もいれば複数冊選ぶ方もいます。そして、なぜその本が気になったのかを語り合うという読書会です。

――それは探検みたいでいいですね。本棚もよく見てもらえて売上にもつながりそうです。

熊澤　面白いのが、その人によって選び方が違っていて、表紙に大きくイラストが載っているような本をたくさん選ぶ人もいれば、赤っぽい色の表紙や暖色の本を何冊も選ぶとか、そういう選び方をしている方もいて、自分とはちょっと違う目線の選び方が見える会だったのでそれが面白かったです。普段はなかなか手に取らないジャンルの本、値段の高い本や分厚い本に触れるきっかけになる側面もありました。

――読書会を企画したい人向けの説明会などはしていますか？

熊澤　年に一回程度、「Ｈｏｗ ｔｏ読書会」と銘打ち、読書会ルームの使い方、ウェブからの申し込み方法などをお伝えする会を開いています。読書会の種類として、課題本のある読書会やテーマを決める持ち寄り読書会もあるし、ビブリオバトルというものもあるんですよ、ということをご紹介するような。

――そういうサポートは重要ですね。

熊澤　初めての方は、告知の方法などに困っている方が多いです。ブックセンター館内でのチラシ配布や、ホームページで読書会を告知することなどもできるのでそういったことをお伝えしています。説明後に、実際に新しく立ち上がった読書会もあります。

――八戸ブックセンターができて、地域に何か影響はありますか?

音喜多　今までは、作家さんが八戸に来るということはあまりなかったのですが、ブックセンターのイベントでこの街に来てくれるようになったのは、お客さんもよかったと言ってくれますね。

熊澤　読書会のアイデアを街の人からもいただいていますね。ブックセンターを利用される方に本と親しむきっかけになったと言ってもらえることが励みになっていて、本との出会いのきっかけをつくれているなという実感があります。

——読書会ルームのような読書会をするための空間をつくりたいと思っている人に向けて、大切なことを教えてください。

音喜多　空間という考えですと、ブックセンターの読書会ルームは本棚の中に部屋があるイメージで、本棚を裏から見る、本に囲まれた場所で読書会をするというコンセプトになっています。扉も本棚になっていて、本棚の中に入っていくという魅力をつくっています。このように、まずは興味を持ってもらえるような雰囲気づくりから始めることも一つなのではないでしょうか。

——読書会をやるとどんな楽しいことがありますか?

音喜多　ジャンルは違っていても本が好きというのが共通してあるので、そこで仲よくなって、新しいコミュニティができあがったりします。人との関係づくりができますよというのが一番ですね。

熊澤　コミュニケーションの場になっているなと思います。読書会に参加することで利用者の方や常連さんの顔が見えてきたりすることがあるので、そういうところに楽しさを感じますね。

——最後に、これから読書会をしたい人たちへ一言お願いします。

音喜多　ぜひ気軽に始めてほしいです。ただ、始めたいけど、どのように始めたらよいかわからない人が多いと思います。八戸ブックセンターでは、声をかけていただければ丁寧にご説明などをさせていただきます。そして読書会を始める方が増えてくれればいいなと思いますね。別の読書会に参加したり、ちょっと覗いてみるだけでも、楽しみながら自分なりの読書会が立ち上げられるんじゃないかなと思います。

読書会では何が起きているか？

――紙上の読書会

紙上の読書会

課題本方式

◎課題本：カフカ『変身』

このパートは、我々が実際に開催した読書会を書き起こしたものです。「紙上の読書会」と言ってもいいかもしれません。当日の雰囲気を感じてもらえればと思います。読書会の参加や運営について悩んでいる方がいれば、主催者や参加者の気持ちになって、シミュレーションしてください。また、何度も書いていますが、読書会に決まったやり方はありません。下記の読書会を読んだ上で、自分たちが楽しい読書会にどんどんカスタマイズしていってください。

田中　本日は、フランツ・カフカの『変身』について の読書会をします。まず、一緒に主催している竹田さんに場所の紹介をしていただきましょうか。

竹田　今日の読書会の会場は双子のライオン堂書店、僕が店長を務めている本屋です。選書専門書店というコンセプトで、作家や研究者の方たちに、百年後にも残したい本を選んでいただき、展示販売しています。ちなみに、僕たちがいるこのスペースは、主に読書会をするための部屋ですね。

田中　ありがとうございます。では、**会の流れを説明しますね**[※1]。まず、みなさんに自己紹介をしてもらいます。自己紹介のときは、今日呼ばれたい名前と最近読んだ本、好きな本、映画でもいいですので、一緒に紹介してください。そのあとに、ひとりずつ、課題本の『変身』の感想を話してもらいます。

ちゅう　ちゅうと申します。文学は最近読んでいません。ただ、たまたまなんですけど、少し前から寝るときに、カフカの『城』をちょっとずつ読むというのをやっています。すぐ眠くなってしまうので、ぜんぜん進んでいませんけど。最近読んだ本だと、ちくま新書『レイシズムとは何か』っていうのがすごく面白かったです。人種差別っていうのがどうやって行われるか、っていうのを解析する本です。我々が持っている人種概念、人種主義がどういうものなのか、歴史的にどういうふうにできてきたのか、を丁寧に説明して。感覚的に差別はダメってわかっていたけど、歴史的にも概念的にも整理してくれて、よい本でした。いま重要なテーマだと思う。最近は、社会とか政治とかにかかわる本を読むことが多いです。

竹田　ルース・ベネディクトの『レイシズム』も新訳が出て、話題になりましたね。

田中　ありがとうございます。**それでは、次にごちょうさんお願いします。**[※2]

ごちょう　ごちょうです。私は以前、大きな読書会サークルのサポーターをやっていました。いまはやっていないんですけど、そこ以外の読書会にもいろいろ参加してきました。普段は、小説とか人文書とかを読んでいます。ただ文学部ではないので、専門知識があるわけではないです。最近読んだ本は、アダム・オファロン・プライス『ホテル・ネヴァーシンク』。これはミステリーなんですけど、ユダヤ系のとある一族が経営しているホテルを舞台にした一代記で、一般小説としても面白く読めます。ほかには森本あんりさんの『不寛容論――アメリカが生んだ「共存」の哲学』。寛容とは何かということをひもといている大変刺激的な本。アメリカのキリスト教の歴史の話でもあります。おすすめです。

田中　僕が好きそうなお話ですね。次は廣瀬さんお願いします。

廣瀬　廣瀬と申します。文学とか得意なわけじゃないですけど、読書会があると参加しちゃいますね。最近読んだ本は読み返しになりますが、ナシーム・ニコラス・タレブの『強さと脆さ――ブラック・スワンにどう備えるか』です。『ブラック・スワン』をリーマンショックの直前に書いて、予言したって言われていて、それに対して反論が来て、ムカついて書いたエッセイみ

※1　最初に当日の流れを共有します。自己紹介は読書会の雰囲気づくりで大事な場面。何を話してもらうか、どこまで個人情報を共有するか、主催として考えて質問しましょう。

※2　初めての人が多いときやオンラインの場では、司会が参加者を指名して話をうながした方がスムーズに進行できます。

たいですね。カントが『純粋理性批判』が難しすぎたからって別の文章を書いたじゃないですか。

田中　『プロレゴメナ』ですね。

廣瀬　そうです。冒頭で、ひたすら怒りまくっているんですよ。あれと似ていて、実名をあげて怒っているんですね。内容は『ブラック・スワン』と同じらしいんですけど。そっちはまだ読んでないですが。

田中　『マネー・ショート 華麗なる大逆転』という映画を観たのを思い出しましたね。リーマンショックを描いたもので、空売りをして儲けようとしていた人たちの話なんですけど。結局、逆転勝利にはならなくて、株式市場というのは現金を持っている人が儲かるという。今度は竹田さん、お願いします。

竹田　はい。双子のライオン堂の店主の竹田です。本屋として初の（？）M－1グランプリに出ようと思い、漫才のネタを考えたかったんです。漫才ってめちゃくちゃ見てきたんですけど、実際に考えてみると、ぜんぜんアイデアがわかないんですよね。そんな悩みを抱えていたときに、本屋さんで『笑いの学校』って本に出会ったんですね。若手芸人のまんじゅう大帝国が著者で、いろんなお笑い芸人にコツを聞きに行くんです。自分は面白いと思ったことを、他人に面白いって伝える難しさ、みたいなことを大御所が説いていくので、結構ためになるんですよね。まあ、この感想をしゃべっている間に笑いが一つも起きないところをみると、まだまだ難しそうな気がしますけれど……。

田中　ありがとうございます。M－1頑張ってください。では、このメンバーで本の話をしていこうと思います。本日の課題作品は、カフカの『変身』ですね。まず、ちゅうさんから感想をもらいましょう。

ちゅう　まず、私は何回か『変身』の読書会に参加していて。読書会をするたびに人の感想とか解釈を聞いて、すぐ忘れちゃうんですけど、やっぱりどこか覚えていて、再読すると他人の感想が想起されます。今私が読みながら考えたことは、もしかして前に誰かが言っていたことを想起しているだけなんじゃないかと不安になりました。

田中　おー、それ、ショウペンハウエルも言っていたような気がする。言ってないかもしれないけど。

ちゅう　そうなんだ。作品のシーンに出てくる「ベッドで身体が動かない」って、完全に鬱病じゃんって思って、すげえ辛い気持ちになりましたね。なんか作者がそう思って書いたわけではないと思うけどね。カフカの時代の医療とかわからないけど、こういう精神疾患とかで急に動けなくなるパターンって当時もあったはずで。でも、たぶん奇病とか怠けとして扱われていたんだろうなって、思ってしまう。現代では、精神疾患の原因が科学的に分析されていて、例えば脳が原因ですよとか、ストレスが原因ですよ、と一般的にも広まっているので、人々に理解されてきていると思いますが、この当時はそうじゃなかったんだろうな。妹が張り切るところとか、めっちゃリアルで。これきょうだいあるあるだよなって思った。お兄ちゃんが大変な状況になっちゃったから、普段活躍できていなかった妹が代わりにめっちゃ頑張るとか。兄が優秀だとよくあるパターンだよな、とか。前には感じなかった、所帯じみた感想を持ちましたね。

田中　カフカの『変身』の感想となると、抽象的な現代社会の課題なんかを話すことが多かったと思うんですけど。

ちゅう　そうそう！　カフカってそういうことを話したいじゃん！　現代の官僚制が……とかね。今回はメタファーじゃなくて、もろに書いてあることに関心が向いたなあ。

竹田　ちゅうさんも何度か読んでいるという話ですけど、読むたびにリアリティって変わりますか。

ちゅう　変わりますね、全然。初めて読んだのは中学生のときだったんですよ、たぶん。で、そのときはわけのわからない暗い話だなっていう印象しかなかったけど、やっぱり虫になるってことを本当にファンタジーに捉えていたんだよね、昔は。「世にも奇妙な物語」みたいな。なんで起こったかわからないけど、不条理が降ってきたみたいなものかと思ったんだけど。今読んでみると、さっきは鬱病って変換したけど、自分がそういうふうになる可能性も全然あるし、明日なるかもしれないっていう恐怖みたいなものがあるよね。

田中　面白いですね。それでは、次にごちょうさんお願いします。

ごちょう　私はずいぶん昔に新潮文庫で読みましたね。学生のときで、ふーんって感じでした。

田中　今回[※3]はどうでしたか？

ごちょう　今回は新潮文庫じゃなくて、光文社古典新訳文庫で読んでみました。初読のときは、主人公のグレーゴルが嘆き悲しんだりしないのが不思議だなあと素朴な感想を抱いたのを覚えています。朝起きて自分が虫になっていたのに、そんなにびっくりしてないし、たいして絶望もしていないように見える。不可解でした。それに当時は何かの象徴だなんて一切考えていませんでしたね。でも歳をとって再読したら、先ほど鬱病という話もありましたけど、仕事の役割とかでいっぱいいっぱいになっていて、自分の境遇を嘆き悲しむ余裕がない、とも読めるんだなと思いましたし、昔よりスッと入れた気がします。

竹田　僕はなんとなくわかります。ブラック企業にいた頃に、全然休めなかったんですね。それで、腸炎になって、めちゃくちゃ痛いしつらいんだけど、ほっとした。意外に真面目なんで仮病で休めないんですよ。身体も丈夫な方で風邪もひかないし。

田中　竹田さんにとっては、腸炎になったのは悲劇じゃなく、ようやくこれで仕事が休めるという理由ができたということだった。

竹田　そうそう、苦役から抜けられるみたいな。実際には痛いけど、それ以上の解放感がある。

ごちょう　なるほど、義務からの解放ですね。ある種の救いになった。

竹田　これは経験しないとわからないことかもしれないし、現実の捉え方だと思うんですよね。そんなに背負う必要なんてないかもしれないじゃないですか。勝手に強迫観念で、追い詰められていく。仕事に限らずね。

田中　ありがとうございました。廣瀬さん、感想どうぞ。

廣瀬　カミュがおすすめしている本ということで読みました。

ちゅう　あ、カミュの本に書いてあったかも。

廣瀬　どの出版社の本を見返しても、虫の絵って載ってないんですよね。どこかで見た気がしていたんですけど。芋虫だと思っていたら、今回読んでいて甲虫だとわかりました。いい加減な読み方してたなぁって、改めて思いました。あと、この前兄貴にもらったドリヤス工場って人が描いた漫画の『変身』には、カブトムシ系で描いてあった。話は変わりますが織田信長のことを思い出しました。最近ドラマを見ているんですが、信長が本能寺の直前に急に人格が変わるんですね。

田中　**いまの大河ドラマ（『麒麟がくる』）の話？**[※4]

廣瀬　そうそう。『変身』では、お父さんから息子のザムザに家の支配権が移って、ザムザは頑張ってよく働いたんだけど、虫になってしまう。カフカのこの話も本能寺的な状況ですよ！　信長であるザムザがおかしくなって混乱する。妹が次の支配権をうかがったりして。死んだ後にやっと家庭に平和が訪れるみたいな。なんでこんなことを考えたか、自分でもよくわからないですけど。虫になった彼は支配者の暗喩だったのではないか。家庭内階級闘争のイメージも浮かびました、マルクス的な。『資本論』を読んでいるからかな、もうド

※3　感想が短い人には、司会が細部についてどう感じたかなど追加の質問をしてあげるとよいでしょう。

※4　本筋から逸脱する話が出たときは他の参加者が知らない内容であることも考慮して、司会が質問をしたり、司会が知っていることであれば補足などをして話を整理しましょう。

ラマでも本でも触れてるものすべての影響がすぐに出ちゃうんです、僕は。

一同 笑い

廣瀬 あと細かい描写が上手ですね。ごちょうさんも言っていたけど、本当はあたふたするべきなのに。

田中 そういう状況でも、動揺しない。

廣瀬 僕が、前の前の会社を辞めたときがこんな感じでしたね。

田中 こんな感じ?

廣瀬 昔は、会社を辞めさせられたり、首になったりしたら絶対やだなと思って生きてきたんですね。生涯この会社に勤めなきゃって。でも辞めちゃって。どうなるんだろう、って思ったけど、実際は普通に生きていましたもんね。ランニング行ったり、本を読んだり、ちゃんと生きています。

田中 ある日突然朝起きたら、無職になっていた。

一同 笑い

ちゅう 気がかりな夢から醒めるとね。

廣瀬 妻と子どもが頑張り始めて。

田中 お父さんが会社を辞めちゃって。

廣瀬 妙に家が活発になっていく。

田中 それで、廣瀬さんの場合は、カフカの話とは違って、ゴミ溜めに掃き捨てられるんじゃなくて家族のために復帰した。

廣瀬 そのときに、僕の中にある「昭和の親父」は一度掃き捨てられた。この物語で虫は死んでいるけど、実際には死んでなくて、グレーゴル・ザムザの虫的精神が死んだ。自ら考えない資本の奴隷的な精神が死んだんです。自己中心的な利己主義者の死です。家族のことを考えているようで考えてない。親父は貯金があることを隠しているし。

ちゅう　たしかに！　隠してた。

ごちょう　さっき、家庭内階級闘争って廣瀬さんがおっしゃったんですけど、確かにお父さんが借金をつくってしまって息子が家計を支えていて、家庭の中でめっちゃ肩身が狭かったはずなんだけど、息子があんなことになって、立場が逆転できた。そうするとお父さんとしては、嬉しい部分もある？

廣瀬　もちろんでしょ。

ごちょう　もちろんですか！

一同　笑い

廣瀬　りんご投げたときなんて、最高でしょ。

ちゅう　あの場面ね！

廣瀬　親父なんか、夕刊朗読することぐらいしかやることなかったのに。

ごちょう　りんごが背中で腐っていくって、変な死に方、変な状況ですけれど、ずっと背中に刺さったままというところに、父親の復権が表されているような……。自分が家計を支えているってプライドでもあるし、お父さんとしては悲しみつつも密かに嬉しい部分もあるということなのかも。みなさんの話を聞いていて気づいたのですが、私は家族側の目線から読んでいるみたいです。

田中　グレーゴル・ザムザではなく、それ以外の家族？

ごちょう　はい。お母さんと妹が、グレーゴルの部屋を片付けて、自由に動き回れるようにするシーンあるじゃないですか。

ちゅう　家具をね。

ごちょう　そう。チェストとかを動かすでしょ。その方が天井にも登れるからと。グレーゴルは、これで動きやすくなると最初は思うんだけど、部屋から自分のものがなくなっていくと、自分が自分でなくなる感じがしてしまう。だから何とかそれに抵抗しようとする。以前読んだときには完全にスルーしていたんですが、今読むとわりと思うところがあったんです。家族のためにとよかれと思ってやることが、本人にとってよいこととは限らない。本人の希望通りにすることが果たして本当によいことなのかもわからない。グレーゴルは絵を外されることに対して強く抵抗します。そうそう、最後が絵というのも象徴的ですよね……。人間とは何か、人間の尊厳とは何か。自分をつくっているのは肉体的なものだけではなくて、思い出とか文化とかそういうものが大事で。

田中　それ、僕も気になりますね。家族の関係性でそういうことを考えて判断するのはすごく難しいですよね。友人の夫婦の話ですが、その友人は家に食洗機を導入したかったんですね、家族のために。でも、家族の反対を受けた。食洗機という便利で、生活の彩りの時間を増やすアイテムを導入するのに、反対に遭うんですよね。それで夫婦で熟議したんです。

竹田　それ、僕の話でしょ！　僕は、お互いの時間の節約のために、導入したら楽になると思ったんです。でも反対されたんですよ。話せば、彼女には彼女の理屈があったんですけど。

一同　笑い

田中　ぼくは、この話とごちょうさんの話したカフカの話はつながっているような気がするんですね。家族っていうものは、相手のためによかれと思ってやることと相手の意思に沿ってあげることのバランスが、どうしてもアンバランスになってしまうことがある。他者から見たら、ちょっとした反対くらい押し切って、食洗機を導入するべきなわけですよ。すぐ便利さに気づきますからね。でも、当事者になると違うんですよ。

それもわかる。自分のパートナーが嫌がっているものを無理矢理は導入できない。この迷いは家族特有の悩みですよね。『変身』は家庭内文学ですよね。

竹田 最近は、仕事小説として取り上げられることが多かったと思いますが、そういう読み方もできますね。

田中 そのまま竹田さんも感想をお願いします。

竹田 『変身』は何度も何度も読んできた作品です。今回は、最後のところが気になった。もろもろ一段落して、家族三人で郊外に出かけていくシーンなんですけど。家族三人で仕事のこととか先のことを話し合って、その上でよく考えてみたら自分たち一家の将来がそう悪いものではないと判明した、って書いてある。これは、なんか怖いですよね。

田中 ブラックユーモア？

竹田 なんて言えばいいのかわからないけど。仕事をして一家を支えていた主人公が、急に稼げない存在になって困るんだけど、問題が解決……いや排除というかね、して。で、結局明るい未来は、仕事にあって。それに希望を見出して生きていくというのは、結局抜け出せないというメッセージのような気がしてきました。今までは、最後のところはさわやかに終わる小説だと認識していたんですね。単純に明るい希望のある。でも、もしかしたら全くそうじゃなくて、常に誰かが稼ぎ頭になっていく、ループ的な。

田中 わしを倒しても第二、第三の魔王が生まれてくるぞ的な？

竹田 悪自体を滅ぼすことはできない、みたいな。

ごちょう 少し話がずれますけど、ラストに関してすごいなと思った箇所がありました。それは、この最後の段落で親が妹のグレーテのことを綺麗だと気づくところ。はっとしました。グレーゴルにばかり気をとられていて、グレーテの方を見ていなかった。グレーゴルがいなくなって、やっと目を向けるようになった。そうしたら成長していて綺麗になっている。鮮やかです。

そして警鐘を鳴らすメッセージでもある気がしました。片方を注視しちゃうと、もう一方を見られなくなってしまう。

廣瀬　これが支配の始まりなんですね。両親は、自分の支配権をグレーゴルに渡して、グレーゴルが失墜したあと、再び復権する。グレーテはその中間で主導権を握った。その間に彼女は成長したわけです。けどいまや、元気になった父親はグレーテに支配権を使い始めた。恐ろしい物語の始まり。

ごちょう　このあと結婚相手を勝手に決めたり、結婚相手に文句を言ったりする話になる？

廣瀬　余計なお世話を焼きますからね。そうなります。

一同　笑い

田中　**そろそろ**[※5]**、終わりの時刻です。**時間を守る会はよい会と聞いたことがあるので、盛り上がっていいますが、一度区切ります。皆さん、最後に一言ずつください。

竹田　具体的な感想と、家族の話が出てきて面白かったですね。鬱病の状況とか。家族のヒエラルキーとか。廣瀬さんの大河ドラマと一緒に読み解くのは斬新だなと。信長説ね。

廣瀬　自分でも信長説いいなと思ってます！　信長が本能寺でやられるときに家臣に聞くんですね。「誰が攻めてきた」って。それで「あの桔梗紋、明智殿です」との答え。「十兵衛か、是非もない」っていうんです。「是非もない」っていうのは、仕方ないって意味なんですね。これってすごく大きな意味だなと。グレーゴルも死ぬ前が静かじゃないですか。是非もないって思っている感じがする。以上です。

ごちょう　今日はありがとうございました。みなさんのお話をうかがっていると、視野というか、視座というか、見方がそれぞれで異なるので大変刺激になり、そこが読書会の醍醐味だと改めて感じたところです。それから言い忘れてましたけど、三人の間借り人、めっちゃムカつくなって思いました！

ちゅう　変身ってテーマはすごいですよね。病気の話だけど、足を失うとか手を失うとか、そういうのって変身じゃなくて欠損じゃないですか。変身は、その人がその人のまま、何かを失うわけですよね。この物語、読者はザムザの言葉を読んでいるからまだいいけど、作品の登場人物からしてみれば、意思の疎通がまったくできない虫とコミュニケーションをとらなきゃいけない。アルコール依存症や薬物依存症の経験を聞くと「別人になってしまう」という話があります。そういうのに似ているのかなって。丸ごと変わってしまうと、他者は受け入れることが難しい。

田中　**それでは、今日の読書会は終わりにしましょう。**[※6]**もうちょっと話したい人は残って、雑談でもしましょうか。**

（この後も、五人はまだまだ本の話で盛り上がるのであった）

※5　読書会の終了30分前後はとっても重要です。発言したいと思っている人に話してもらう最後のチャンスだからです。発言が少なかった人などを意識し、話すきっかけをつくりましょう。

※6　終了時間になったら一度区切りをつけて、帰りたい人、抜けたい人が気軽に退席できる状況をつくりましょう。まだ話したい人がいる場合は、交流の時間をつくってもよいでしょう。

紙上の読書会

持ち込み方式

◎テーマ：「変な本」

次に、持ち込み方式の読書会の様子を覗いていただきます。課題本方式とは違う雰囲気ではないでしょうか。自分が参加者だったらテーマに合わせてどんな本を持っていくか、自分が司会だったらどういう質問を投げるか、考えながら読んでください。

田中　本日は、「変な本」というテーマで本をお持ちいただきましたが、まずは自己紹介をしましょうか。お名前とあわせて、これまでに経験した変なエピソードなどがあれば教えてください。**おひとり五分くらいでお願いします**[※1]。それでは、竹田さんお願いします。

竹田　双子のライオン堂の店主の竹田です。よろしくお願いいたします。変なエピソードって難しいですね。何かあるかな。

田中　変なバイトをした経験とかないんですか？

竹田　あ、そうだ。一〇〇人用の会議室の準備をするアルバイトをしたことがあります。机と椅子を端っこに寄せてくれと上司に言われて、全部とっぱらったんですよ。一時間後にビルを管理している人にやっぱり会議するから戻してくれって言われて椅子と机を全部戻しました。その職場ではこんなことばかりだったなあ。

田中　あれですね。穴を掘れ、埋めろって繰り返す。

竹田　そうそう、現代にもあるんだなって。

田中　次は野村さん、自己紹介をお願いします。

野村　野村です。変な話もあんまないんですけど、昔、築地のマグロ屋さんで軽子をやっていたことがあって。

竹田　築地でバイトですか。**軽子**[※2]**ってなんですか？**

野村　台車を引く係ですね。ターレーっていう車でものを運んだりもしますけど、人力で大八車の細いバージョンみたいな台車を引いていました。セリで落とされたマグロとかを、配達業者まで運んだり。マグロを入れる発泡スチロールをゴミの山から拾ってくるって仕事がありまして。大学出てからそれやっていたんですけども、発泡スチロールを拾っているときに大学のときの知り合いに偶然会い、向こうは凍りついていた、という変な経験があります。

田中　じゃあ新城さんお願いします。

新城　今の話が面白かったんで話しづらいなあ。私は、ひとりで芥川賞の予想をするっていうのを何年もやってるんです。一回も当たったことがないっていうのが自慢。宇佐美りん『推し、燃ゆ』は面白すぎるから選ばれないだろうなと思っていたら見事に受賞しました（笑）。

田中　では、伊藤さんお願いします。

伊藤　**普段は出版社で働いていて**[※3]、本が切り刻まれないように守っています。この前も取次さんから多くの注文が来たんですけど、別の返本が返ってきたばっかりだったんで、思わず電話で、こんなにたくさん大丈夫でしょうかって……。そうしたら「お気持ちはわかりますけど他社より少ないです」って。

田中　残酷な話！

伊藤　一気に現実に引き戻された。

田中　大江さんお願いします。

※1　時間をしっかり伝えておくことでトラブルを防止することができます。

※2　会話の中で聞き慣れない言葉があれば、司会が率先して聞くと話が広がります。

※3　職業や社会的立場などの話題は慎重に扱いましょう。自由な発言ができる場をつくるために、お互いのプロフィールについてあまり話さずに進行する場合もあります。今回は参加者から自発的に発言があったので、特に制限なく進めました。

大江　大江と申します。ドストエフスキーの連続読書会がきっかけで、双子のライオン堂書店の読書会に参加するようになりました。今日はすごく変な本はないかなと探してきました。変なエピソードは、紹介する候補から外して持ってこなかった、昔イギリスに行ったときに買った本の体を成していない本の話をします。駅でペラペラな状態のポストカードみたいに売っている、折ってあるのを広げると短編が入っているっていう本があったんです。一駅分で読めるような分量でした。それを何枚か買って楽しんだ。なんか後味の悪い短編とかもありましたね。今だとスマホがあるから失われちゃったと思います。

田中　ありがとうございます。というわけで、みなさんの自己紹介が終わったので、本の紹介を始めていきましょう。申し遅れましたが司会の田中です。僕はずっと読書会をやっている人間です。さて、今回は抽象的なテーマにしてみました。紹介するときには、なぜ変な本なのかということにも触れて、話していただければと思います。それでは新城さんからどうぞ。

新城　私が持ってきたのは『なぜ人はエイリアンに誘拐されたと思うのか』です。ハーバードの心理学者が書いた本で、エイリアンに誘拐されたと主張する人たちが、どうしてそういう記憶を持ってしまうのか、言ってしまえば嘘の記憶を持ってしまうのか、ということについて書いています。本に書いてある体験談ですけど、「夜中に目が覚めると息苦しい、なぜか身体が動かない、誰かの気配がやってきて自分を見ている気がする、ああエイリアンだ」ってなるんだそうです。私は同じシチュエーションになってもそうは思わない。けど、人間は神話の中で暮らしているんだなと思った。まさしく、エイリアンを見たという人たちは、エイリアン神話を信じているから、そうやって即断するんだろうなと。この本の本当に面白いのは、第一章にある「なぜこの研究を始めたのか」というパートです。もともと著者は、精神障害のある人がセラピーを受けると幼少期に性的虐待を受けていたという記憶が呼び起こされる症例について調べていたんです。でも、あまりにその記憶を持っている人が多いので、本当の記憶なのかを調査し始めて。すると「あなたは私の記憶が偽記憶だと言うんですか」と大炎上したらしいんです。デリケートな問題ではあるんだけど、研究の趣旨をちゃんと理解しないで、この研究が誤解されてしまったんですね。そこで、危険の少ない宇宙人方向にシフトしたんだそうです。このエピソードがとても面白くてね。研究の結論としては、物語をつくりやすい人は同時に記憶を上書きしやすいという話が展開されています。

田中　それでは、みなさんに紹介された内容について聞いてみようと思うんですが、伊藤さんエイリアン好きですか？

伊藤　興味があるともないとも言えないですね……。なぜこの本を買おうと思ったのかなって気になりました。

大江　タイトルにすごく惹かれますよね。読んでみたいです。

田中　大江さんはエイリアンに連れ去られたことありますか？

大江　残念ながらないですけど、変なことを研究する人のことが気になります。「なぜ親は、お前は橋の下で拾ってきたんだよ、と言うのか」というのがテーマの本を読んだことがあって、武内徹の『お前はうちの子ではない橋の下から拾って来た子だ』という本でしたが、なぜこんな狭いところの研究に没入してしまうのかと思いました。それと似たものを感じましたね。

田中　**エイリアンが好きな竹田さんは？**[※4]

竹田　僕ドラマの『X－ファイル』が大好きなんで。思い込んでいる人たちのうちの何人かは、本当にエイリアンに連れ去られていると僕は信じていますよ（笑）。

※4　参加者の好みや趣味を知っていると場を和ませる質問をすることができます。しかし、多用しすぎると、初参加の人などが発言しにくい雰囲気になってしまうので注意しましょう。

田中　**野村[※5]さん、こういうタイプの本を普段読まれたりしますか。**

野村　ないですねー。

田中　まさに未知との遭遇じゃないですか！

野村　今遭遇してますね。連れ去られてますね。紹介していただいたお話はすごく面白いなと思いますし、こういうのを研究される方のきっかけが気になりました。

田中　新城さん、みなさんの感想を聞いてどうですか？

新城　キャッチーな名前の本を選んで、よかったなと思いました。

伊藤　なぜこの本を買ったんですか？

新城　えっとですね、私はエイリアンはまるで信じてないんですけども、学生時代にどうしても心霊体験をしたくて。本当は憧れていたんです。近くの心霊スポットに一〇日間通ったんです。当時はデジカメとかなかったんで、写ルンですを持っていって、テープレコーダーで全部録って。でも、結局何も得ることができなかった。心霊体験をした人っていうのも、単純に嘘をついているとは思えない。無意識に記憶の捏造みたいなことが起きているんじゃないかなと昔から思っていたんです。この本をパラパラめくったときにそういう本だと思ったので、喜んで買いましたね。

田中　なんで、今日紹介してくれたんですか？

新城　最近のＳＮＳに限った話じゃないですけど、本意じゃなく表面だけ受け取られて炎上するっていうのを見るたびに、この本の冒頭を思い出します。炎上ネタみたいなものの走りというか、ネットのない時代の誤解について触れられているので選びました。

田中　自分の研究を人に伝える方法を発信者も考えなきゃいけないってことが、当時からあったんですね。ありがとうございました。次に伊藤さんお願いします。

伊藤　伊丹十三訳のマーナ・デイヴィス『ポテト・ブック』です。

大江　**伊丹十三の名前の方が、著者より大きく書いてある。**[※6]

伊藤　ジャガイモについてありとあらゆることをまとめた本です。もともとは、ある学校の奨学金の基金をつくるために本を出そう、本の売り上げで奨学金をつくろう、「うちの学校があるのはジャガイモの産地だ」ということで、ポテトの本をつくることになったらしいです。カポーティが序文を書いているんですが、彼はその地域に住んでいて、ジャガイモ畑と縁も深い、その趣旨にも賛同したので書いたらしいです。でも伊丹十三の名前のほうが大きく書いてある。

竹田　『マルサの女』の監督ですよね?

伊藤　そうです。本にはジャガイモについて「知ってなきゃならないこと」やレシピが載っています。このレシピが六人前とかの分量で書いてあってアメリカだなと思います。「レシピ」が「レセピー」と表記されているのもいかにも伊丹十三訳です。楽しんで訳している感じで、子どものレセピーは子どもっぽくひらがな多めで訳していたり。マニアックな本なのかと思うとそうでもなくて、これが四刷もいってる。

竹田　大ブームがあったんですかね。当時はいまよりも一回の刷り部数が多いだろうから、結構世の中に広がっていそう。

伊藤　定価は一二〇〇円です、私はバザーで買ったんで五〇円なんですけど。これのガーリック版というのも出ていて、違う人が書いています。

田中　ありがとうございます。それでは紹介を聞いて

※5　読書会の序盤では、司会が多くの人に問いかけ、みんなで話をする場であるということを意識してもらいましょう。特に持ち込み方式では、共通の話題がないので、このような工夫は有効です。

※6　本の内容だけでなく、表紙やデザインなど、目の前にある本をながめながら、さまざまな話をするのも読書会の醍醐味です。

いた皆さんの感想タイムに行こうと思いますけど。

竹田　基本的にレシピが載っている本なんですか。

伊藤　「レセピー」です。

田中　間違えないでください、「レセピー」です。

一同　笑い

田中　レセピーでフライドポテトのことを思い出したんですが、僕ね、昔はジャガイモのこと甘く見てたんですよ。二三歳くらいまでは、飲み屋でフライドポテトを頼むなんて貧乏くさいなって思っていたけど、ある日気がつきました。自分の心の方が貧乏だった。揚げた芋が旨いんだということがようやくわかったんです。

田中　大江さんはいかがですか？

大江　ジャガイモだけの本なんて、なかなか聞かないですよね。こういう本、好きです、すごく好きです。絵もなんかおしゃれじゃないですか。いつ頃の本なんでしょう。

伊藤　初版は昭和五一年かな。

野村　なんか表紙が、伊丹映画のポスターに似てる感じしますね。偶然でしょうけど。

大江　伊丹十三の映画監督以前に出された本ですね、これ、おしゃれなエッセイストの頃なのでそのおしゃれ感があるかも。『お葬式』という映画が、私が大学生くらいの頃かな？

野村　『タンポポ』でしたっけ、ラーメンのやつは。あれも最初の頃ですか？

新城　この本を見たことあるんですよ、書店で。それこそ中学校とか小学校とかの頃かな。ポテト以外にも似た本があったなと考えていたのでガーリックって言われて、それそれ！　となりました。中身覚えてないんですけど、手にはとってないかな。私の出した本に比べると実にタイトルがシンプルですね！　誰に向けて書いた本なのか気になる。

大江　一家に一冊的な？

新城　歯医者さんの待合室にあったら読んじゃうかもしれないですね。

一同　あー、たしかに！

竹田　プレゼント本としてうちでも扱いたいなぁ。

大江　いいですね。需要ありそう。

田中　伊藤さん、みなさんのご感想を聞いていていいかがでしたか？

伊藤　今おっしゃっていたように、伊丹さんご自身もこれは贈り物だと書いています。本の袖の部分に、伊丹節満載のコメントがあるんですよ。さっき、ジャンルはレシピ本なのかという話がありましたが、レセピーだけでなくて、ポテトで工作をしてみたりとか、ポテトを使ったゲームとか、ちょっとしたことも載ってたりとか。

田中　本で奨学金をつくろうという発想もすごいなと思います。

伊藤　カポーティは自分の家の近くのジャガイモ畑で、収穫した後に落穂拾いじゃないですけど、落ちジャガイモ拾いをしていたそうです。それを焼いてキャビアをかけて食べると美味しいって書いてありました。

新城　ジャガイモは拾うのに、キャビアかけて食べる！

伊藤　伊丹十三は、このレシピを片っ端からつくったそうなんですね。それで実に美味いと。今回のテーマを聞いたときに、最初に思い浮かんだのがこの本だったんです。でもなんで私はこの本を変だと思うんだろうってずっと考えていて。

一同　たしかに。

伊藤　もっと本当に変な本にしようかなと思ったんですけど。じつは、私はジャガイモがそんなに好きではないんですね。

田中　まさか！　好きではないんですか！

伊藤　子どもの頃からフライドポテトとか苦手なんです。でも、フランスに行ったときに食べたポテトは本当に美味しかった……。話を戻しますが、この本の伊丹十三の熱量に、憧れるんだけど自分はそこまでいけない。すごく憧れつつも、自分の好きなものをあんなにはっきりと好きと言い切れないところが私の中にあるので、ずっと「変な本」としてあるのかなと、今話しながら思いました。二〇年前に買って、実家に置きっぱなしの本も多いのに今でも手元にあるのは、本当に好きなのかなとも思います。

田中　ありがとうございます。めちゃくちゃよい話ですね。では、次は野村さん。

野村　少し長くなるかもしれませんが、本を選んだ理由から話したいと思います。『負債論――貨幣と暴力の5000年』という分厚い本がありまして。その第七章にですね、「きっちょむさん」みたいな位置づけのトルコの昔話で「ナスレッティのホジャの笑い話」っていうのが出てくるんです。『負債論』のテーマはちょっと固い内容で、デヴィッド・グレーバーという人類学者が書いた本です。金融危機が起きると銀行などの金融機関は救済されるけれど、途上国とかは債務を抱えると必ず返済しなくちゃいけなくて、ひーひー言ってる。それはおかしい状況なんじゃないか？　果たして、本当にお金って借りたら返さないといけないのか？　っていう話なんですよね。この著者は返さなくてもいいんじゃないかって言うんですよね。そんなこと、日常生活で言ったら人格を疑われるんだろうけど。

一同　笑い

野村　そういう問題に真っ向から挑む難しい本です。この本は簡単に紹介もできないので割愛しますが、その

『負債論』に出てくる「ホジャの笑い話」についての本を紹介します。この本は、ある日本人夫婦、児島満子さんと児島和男さんが「ホジャの笑い話」に魅了された結果、トルコまで行ってお話を集めてまとめたものだそうです。僕もたまたまトルコに行ったときに、どれくらい一般的なのかなと思って、本屋さんを覗いたんです。お店の人に「ホジャの話」があるかと聞いたらこれを出してくれて（トルコ語のホジャの本を取り出す）。

田中　すぐ出てくるんですね。

野村　トルコ語はちょっとわからないですけど。表紙はちゃんとしたイラストで、中を開けるとですね、急にこんなアニメみたいなタッチの絵に変わる。不思議な本です。

大江　現地で「トルコ昔話」みたいな番組がやっているのかな。

野村　そうかもしれませんね。

竹田　ホジャさんというのは、実在する人ですか？　一休さんみたいに存在したけど、話としてはデフォルメされているとか？

野村　それは、いろんな説があってよくわからないようです。『負債論』にこのホジャの話の中から「鍋を借りる話」が出てくるんですね。そこでは貨幣経済が浸透していく中、貸し借りをするっていうことと、お金を貸すっていうこと、利子を取るっていうことが、ぐしゃぐしゃになってきたんじゃないか、ということを紹介するためにホジャの話が引用される。内容を紹介すると、ある日ホジャが、宴会をするためにケチな隣人に大鍋を借りた。それで、返すときにちっちゃい鍋をつけて返した。借りている間に鍋が子どもを産んだって言ったらしいですね。この「鍋を借りる話」には何パターンかあるけど、大筋こんな感じで始まります。

大江　面白い。

野村　それでお隣さんは、これはラッキーだなって思う。またホジャが別の日に大鍋を貸してくれって言ったら、ケチな隣人は普段はケチなのに喜んで貸してくれたんです。でも何日経ってもホジャは返してくれない。しびれを切らして会いに行ってみたら、あの鍋は死んじまったよ、とホジャが言うんですね。それでお隣さんは怒る。鍋が死ぬわけないだろうって。だけどお前さん、子どもを産んだって言ったときはそれを信じて喜んで、死んだってときはなぜ信じないんだ？　ってホジャが返す。

田中　トンチがきいてますね。本当に一休さんのようです。

野村　「利子」と「子ども」ってギリシア語や地中海の言葉だと同じ単語でも表されるそうなんですね。この話も、利子と子どもをかけ合わせて書いていると『負債論』で紹介されます。そういえば日本語でも「利子」の「子」という漢字が共通していますね。

竹田　確かに。

新城　私の親世代であったのは、お鍋とか借りたら空では返さない。何か料理を入れたりして返すっていうのがあったなあ。

野村　カレー入れて返したりね。

新城　それは小さい鍋に近いかも。そのへんの話を思い出しました。翻訳者の方は、もともとお話を採集している人たちなんですね。

野村　どういうおふたりなのか僕もわかってないんですが、トルコで一年くらいかけて、いろんな社会階層の方にお話を聞きましたということだそうです。本の構成は、ホジャの話の間に、おふたりのエッセイも挟まれています。現地では、女性よりも男性がよく話してくれたとか。最初全然思い出せないって言ってたけど、ちょっと聞いたりすると急にたくさん話してくれたりとか。そもそもは、日本語かな？　翻訳されたホジャの話を読んで、この訳は違うんじゃないかと思ったそうです。そこではホジャを単に笑い者にしていた。けど、実際は風刺がきいていて、トルコで尊敬もされてたりとか。それで現地に行って話を聞いて集めたということだそうです。

田中　グレーバーを読んで、ホジャの本を手に取ったんですか？

野村　そうですね。グレーバーは人類学者なんですよ。マダガスカルが専門で、そのときに現地でマラリアが流行ったんだけど、ＩＭＦの緊縮財政でお金を返さなくちゃいけない。マラリアの蔓延を防ぐための費用は大した金額じゃないんだけど、緊縮財政だったから、たくさん人が死んでいった。それっておかしいですよね、という思いで『負債論』を書いたらしいです。

田中　ホジャの原本はどんな本屋で買ったんですか？

野村　古本屋ですね。イスタンブールの中心街の。何軒かの本屋さんで「ホジャ」って言ったと思います。

竹田　「ホジャ」と言えば伝わるんですか？　どんなことを本屋さんで話したんですか？

野村　そういうのちゃんと覚えてればね、今日お話しできたんだけど……忘れちゃった。

一同　笑い

田中　ありがとうございます。ホジャの鍋の話を友達にしようと思います。次は、大江さん。

大江　ちょっと動悸がしてきちゃった、みんな素敵な本で。私はガチガチの文学を用意してきちゃって。カーソン・マッカラーズの『黄金の眼に映るもの』っていう作品です。今回は、図書館で古い本を借りてきました。紹介しても入手しづらい……。カーソン・マッカラーズは、村上春樹が『結婚式のメンバー』とか訳しているので、そのうちこの本も再翻訳とかされないかなと期待しています。なんでこれにしたかというと、変な本というテーマでいろいろ考えて、ロシア文学も好きなので、ソローキンの『青い脂』とか浮かんだんですけど。そっちは、変は変でも変態なので、公衆にご紹介するのもはばかられるなと。それで、この本はすごい昔に読んだんですけど、ストレンジな本だと思って持ってきました。

田中　**ホラー小説**[※7]**ですか？**

大江　そうとも言えるかもしれない。マッカラーズってディスコミュニケーションの話ばっかりなんです。これはその中でもひどい話です。『結婚式のメンバー』は心が洗われるシーンがないでもないんですが、これは救いようがない。発表当時は全然だめだって言われたらしいです。登場人物は、グロテスクで人のことを考えていない。自分しかなくて、でも人と交流したいんだけど、でも壁があって、殻に閉じこもっていた人がぶつかり合ってる、みたいな話なんで、ちょっとご紹介したいなと思って。出てくる人みんな変なので持ってきてみました。

田中　ありがとうございます。質問したいことがいっぱいありますが、まずは変な竹田さんどうですか？

竹田　おいおい、変なって。まあ文学は基本的に変な人の巣窟というか。ロシア文学の話が出ましたけど、ドストエフスキーの『罪と罰』も変な人しか出てこない、けどなんか魅力を感じる。

大江　私は、かなり変なの好きなんですよね。

竹田　これはアメリカの小説ですか？

大江　アメリカの南部ですね。フォークナーとかにつながる。『結婚式のメンバー』は初心者向けというか、すごく素敵な話。『悲しき酒場の唄』も、ちょっと今回紹介する本に構造が似ています。片思い同士、お互いの思いが全然通じないまま酒場が滅んでいく話。

野村　なんか、リフレクションというのかな、登場人物についてのお話が面白かったです。タイトルのゴールデンアイっていうのが不思議ですね。

田中　大江さん、いつもこういうメモを取りながら本を読んでいるんですか？　あとふせんを貼ったり。

大江　いや、これは今日のためにです。この作品はアメリカで書かれた最も不気味な物語の一つと言われているらしいです。

竹田　それは相当ですよね。

田中　装丁とかタイトルとかは、一番普通っぽい本を紹介してくれているのに、一番変な感じがしますね。不思議。

大江　グロテスクには嫌悪と共感があって、南部の作家がグロテスクを書くのはそうした人がいるのを認めていることだってウィキペディアに書いてありました。ただの化け物というのはグロテスクじゃないんですって。

野村　このゴールデンアイっていうのは何なんですか？

大江　目の描写が多いですね。金色の目って出てくるのが二箇所だけ。あとは想像の中に出てくる孔雀とカラスの目の描写ですね。こっちを見ている目。

田中　見られている目の象徴なんだ。

大江　鳥みたいな感情のない目に淡々と映っている、という風に私は解釈しています。

田中　ありがとうございました。

田中　以上でみなさんの紹介が終わりました。今日の会はどうでしたでしょうか？ **みなさんから全体の感想でも、どなたかに質問でもよいので最後にひとことといただいて終わりにしたいと思います。竹田さんから順番に。**[※8]

竹田　紹介された本は、どれも読みたいですね。手に

※7　作品名や専門用語などがたくさん出てきたときには、話を整理したり、本筋に戻したりするために、司会が質問をすることも有効です。

※8　最後に、一言だけでも参加者からコメントをもらうと、あまり話せなかった人へのフォローになったり、頭を整理する時間になったりして満足感が高まります。

入りにくそうな本が多いですけど。

新城　人によって変の定義が違うのが面白かったです。

伊藤　ガーリックもどこかで読んでみたいです。

野村　本を紹介するのは苦手なので、参加するのを躊躇していたんですけど、出てみて面白かったです。いろんな人が本を紹介するのを聞くのは楽しい。

大江　『黄金の眼に映るもの』を課題本にして、読書会がしたいです。みなさんの感想が聞きたい。

田中　ありがとうございました。ここで紹介した本は全て読書会したいですね。こうやって読む本が増えていくんですね。

読書と読書会について本気出して考えてみた

自由な議論とは何か——読書会から考える

「GACCOH」のインタビューに登場していただいた「関西クラスタ」のしょうへいさん、谷川嘉浩さん、倉津拓也さんに、GACCOHという場所の話から離れて、読書会に対するそれぞれの思いや考え方、取り組みについて追加でお話を聞きました。

――GACCOHについてのインタビュー（第5章）をさせていただいたときに、みなさんの実践だけでなく、読書会や読書への思いをたくさん聞かせていただきました。そこで、追加のインタビューとして、倉津さん、しょうへいさん、谷川さんをお呼びして新たなテーマでお話をうかがうことにしました。まずは、倉津さんから、お聞きします。

倉津　よろしくお願いします。

――読書会におけるポリシーとして「テキストの下の平等」というお話を以前されていて、すごくいいなと思いました。

倉津　僕が主催する読書会では、平等に過ごしてほしいんです。基本的には、読書会って参加者同士が交流することを中心に行われていると思うんですね。僕はどっちかというと、もっと本を中心にしていきたい。それで「テキストの下の平等」とか「テキストの支配」みたいなコンセプトで読書会を考えています。

――そのコンセプトはどのように考えていったのですか。

倉津　僕がもともと法学部の出身だったのが大きな要因だと思います。「法の支配」という概念から「テキストの支配」という概念ができた。「法の支配」は「人の支配」と対比される言葉です。「人の支配」はいわば、王様が支配する、ということなんですけれど、「法の支配」というのは為政者と被治者の両方をコントロールする概念なんですね。為政者も法には縛られるんですよ。それを読書会に置き換えると、たとえ著者がいた場合であっても読者と同様にテキストに縛られる場が読書会です。

――参加者同士だけでなく、著者と読者も平等ということですね。

倉津　テキストというのは予測可能性を与えるし、解釈の枠組みを与えるんですね。音楽における楽譜とイメージすればよいかもしれません。楽譜は一つなんだけれども、演奏はバラバラじゃないですか。でも楽譜には縛られるわけで、即興演奏でめちゃくちゃになるということはない。このように、バラバラな人たちを、バラバラのままつなぐのがテキストだと思っているんです。ハンナ・アーレントが『人間の条件』（志水速雄訳、ちくま学芸文庫）で「テーブル」という話をしているんですね。我々がテーブルを囲んで話し合いをする風景を考えてみてください。同じテーブルを囲んで別の席に着くと、僕たちはそのテーブルを介して結びつく。でも、テーブルがあるから一定の距離は保たれている。テーブルは「人びとを結びつけると同時に人びとを分離させている」（『人間の条件』七九頁）。テキストとはここでいうテーブルのようなものだと思います。介在物がある状態で、共通の関心ごとについてそれぞれが語る、っていうことをアーレントは考えているんです。公共性とか複数性とかに関係する話ですよね。アーレントが、複数的なコミュニケーションを交わし合うことを「活動」と言うんですけれども、僕の考えでは読書会は「活動」なんです。テキストという介在物によって引き離されつつ結びつくことで、複数的な議論を交わす場が読書会だと考えています。

――知らない人同士が集まった読書会の場で、どのようにコミュニケーションが生まれているのかを考える上で、とても面白いお話ですね。

倉津　読書会は体験だと思うんですよね。もちろんテキストの内容を精読するのも大切なんですけど、その目的を共有するからこそ生まれる読書会っていう空間を体験することがすごく大事だと思っていて。読書会では「心理的安全性」が確保された状況をつくることが重要だと思っています。「心理的安全性」とは、組織やチームを構成するそれぞれが、率直な意見や素朴な質問や、違和感の指摘が、いつでも誰でも言える、そのことで拒絶されない、という状況のことです。そういう空間をつくることが大事なんだと思っています。また「心理的安全性」は「なあなあのヌルい職場」と対比される概念です。馴れ合い空間とは違うんですよね。否定されない安全性があるので、参加者全体の意見が一致しているように見える際にも反対意見をストレートに発言することができる。

――ありがとうございました。次にしょうへいさんに、読書会の楽しさについておうかがいしたいと思います。

しょうへい　社会人になって、人とのつながりが本当になくて。あと滋賀県って品揃えのいい本屋っていうのがないんです。だから結局アマゾンに頼るんだけど、そうすると趣味とかも偏ってきてしまう。だから読書会を開催したり参加したりすることで、知らないものに出会う機会をつくっています。そもそも、大人になると知らない本に出会う機会って、読書会をやってなかったらつくれてないなと感じています。いまの友人たちとも出会えてない。

――谷川さんも、しょうへいさんや倉津さんと一緒に読書会へ参加されていますよね。読書会を始めたのはいつですか？

谷川　ＧＡＣＣＯＨの読書会に行く前から、大学の友人と読書会をしていました。私が学部に入ったのが２０１０年、その年には始めました。私の入った京都大学総合人間学部は、脳科学から言語学、社会学など、何でも研究してよいところです。村上春樹も研究できる。好奇心が旺盛だったこともあって、私は専門が長らく絞り切れず、いろんな読書会に参加したり開催したりしたんですね。小説読書会は、高校時代の友人やツイッターの知り合いを交えて、学内の人にも開かれた共有スペースがあったので、当初はそこで始めました。あとは、消費社会論勉強会というのを何年かやっていました。合計すると二〇回以上やったんじゃないかな。いずれも長期間にわたる集まりなので、いろんな人が出入りするような読書会になりました。定例化した読書会って、人が集まる一つの口実で、途中からは学びと同じくらい集まること自体が重要だったんだと思いますね。

――いろんな読書会を経験してきたんですね。

谷川　大学のゼミの授業が購読型だと、少し読書会に似ていますよね。ただ、ゼミはいろんな学年の大学生や大学院生が参加することもあって、学生も気負っている。だから、上回生に配慮がないと、適切な解釈よりも大きな声が勝ったり、下回生に発言機会がなかったりすることもあります。そうすると、ディスカッションは建設的でも楽しいものでもなくなりかねない。そういう空気になっても、先生は学生の成長のためにあえて放置したりすることもあるのでなおさらです。もちろん実際には楽しいゼミの方が多かったくらいなんですが、それでも読書会はゼミと雰囲気が違っていました。よい読書会では、フラットに大学一年生から社会人まで、いろんな人が一つの事柄について、各々の心のパーソナルエリアへ無理に踏み込むことなく、ただ話し合い、議論していた。読書会というとき、誰であれ安心してものを言い、議論を楽しむ場をつくりたいという気持ちがあります。

――研究や勉強を目的とした読書会と、議論を楽しむ読書会のお話、面白いですね。

谷川　サードプレイス論とかありますけど、自分の生活行動圏以外のところって大事じゃないですか。職場や学校でも、家でもないところで、違う人間関係を築く。そこで楽しい議論ができるというのは、得難い経験でした。たとえ、自分が議論に参加していなくても、聞いていることでだんだんわかっていくし、耳が肥えることで、いろんなことの楽しみ方を知ることができる。というより、楽しむことは学ぶことを必要とする。タモリが「教養は遊ぶための材料になる」と言っていますが、読書会はものの楽しみを知る場だなと思います。

――読書会は、サードプレイスとして大きな役割をもっていると思います。

さて、読書会の具体的な方法などを聞きたいのですが、みなさんの読書会では課題本方式が多いですか？　その場合はどのように決めるのでしょうか？

倉津　僕の企画する読書会は課題本方式です。ただ、必ずしも読んでいる必要はなくて、本に対する関心さえあれば参加条件を満たすという形にしています。課題本は、絶対に読んでから決めます。僕は結構ね、著者を呼ぶのが好きですね。だから発売してから本を読んでよかった場合に、その著者の方にゲストで来ていただく依頼をします。なので、発売前から読書会を決めたりはしないです。読んでよかったと思う本について、より深く知りたいっていう気持ちがあるからです。そのテキストを読んだだけではわからないようなことを実際に著者へ聞きたいっていうのがあるんです。そのためにもテキストはしっかり読む。

——普段、読書会の前にどんな準備をしていますか。

倉津　僕が主催するときは、事前に目次を参考にしながら全体構造を解説するレジュメをつくります。それを元に、参加者と本の全体構造を確認しながら、疑問点を著者に質問していくという形をとっています。その際、運営の立場を利用して、積極的にどんどん著者に質問をすることにしています。その方が参加者も質問しやすい雰囲気がつくれると思うからです。質問は、硬いものと柔らかいもの、頭よさそうなものとバカっぽいものを交ぜています。専門的な議論になりすぎないように、読書会であることを意識して。参加した人たちが、質問しにくいなと思わないように、さまざまな角度の話題をふったりしますね。他の人もそれをフックに質問できるような雰囲気をつくりたいなと思っています。最初の方でも言ったと思いますけど、ここは何をしゃべっても拒絶されないんだっていう空間を体験してもらうっていうのがすごく重要なことだと思っています。

——運営のことを考えると、読書会では議論を円滑にするためのファシリテーターが重要な役割を持っていますよね。

倉津　読書会は、ファシリテーションが九割だと思います。ファシリテーターはしっかり覚悟を決めて、「権力」を振るうべきだと思います。「権力」というのは、自分の意見で周囲を抑圧するような力ではなく、場を中立的に保つために働かせる力のことです。例えば、暴力的な言動をする人は、毅然とした態度でその場から追い出す。オンラインの場合は管理者権限で退場させる。そのための技法なり知識なりは、事前にちゃんと持っておくべきだと思います。自宅で読書会をしていて、特定の人を誹謗中傷するような問題発言を繰り返すような方には「出ていけ」と言いますし、言っても出ていかない場合には、刑法の不退去罪が適用される可能性があります。そういうことを知っておけば、もしもトラブルが生じた場合に「あなたは不退去罪に該当するので、警察を呼びますね」という対応をとれる。読書会以前の問題なのかもしれないですけど、参加者の安全は運営者の責任なのであり、場を運営する上で、とても大事なことだと思います。もうちょっと現実的な場面を考えると、大きい声を出している人を注意するとかね。「すみません、もうちょっとトーンを落としてください」と伝える場面は考えられると思います。

――しょうへいさんと谷川さんのおふたりは、運営上気をつけていることはありますか？

しょうへい　運営するってなったときは、やっぱりいろいろ考えてやらないといけないこともあります。読書会で使える技術はいっぱいあると思いますが、まず人の話を聞く技術ですね。私たちの読書会はいつものメンバーに加えて、初参加の方が来てくれることが多いのですが、どんな人が来ているかを考えながら、話を聞くようにしています。

谷川　さまざまな研究が指摘するように、私たちは地縁的コミュニティが壊れた後に生きているし、私にもそういう感覚は強くあります。ビジネスでも人気のサードプレイス論ですが、オルデンバーグという社会学者の元々の議論をよく読むと、「そういう居場所なくなったね」という話がベースなんですね。ゲマインシャフト、機械的連帯は解体され、主要なつながりの源泉ではなくなりました、と。でも、それがないからといって、家族や身近な友人だけの狭いコミュニティに閉じるのも息苦しくなる。そこで、「趣味縁」に訴える読書会は、具体的なエクササイズになると思うんです。みんな寂しさを感じているけれど、知らない人とベタベタ接したいわけでもない。コミュニケーションの面倒くささを知っている。人が集まったら、ずっと沈黙しているわけにもいかないので、知らない人に急に何か話さなければいけないわけですが、大抵の人はなかなかできないですよね。互いの顔を、じっと見つめ合うようなコミュニケーションを急に行うのは難しい。そこで「一冊の本を挟む」っていうのはすごくいい。会話のときに、共通のネタがあるってことですから。天気のような無難な話題以外で相手が関心を持っていることと、共有する知識が、少なくとも一つあるわけです。比喩的な意味でも、物理的な意味でも、本を見ればいいんですよ。本があるから、生身の人間としてぶつかり合わなくて済むのが読書会。読んでいる分だけ共有している情報があるから、それについて話せばいい。視線が気まずければ、本に目を落とせばいい。このワンクッションがすごく重要だと思うんですね。単なる会話、生っぽいコミュニケーションではなく、本に媒介された会話をする中で、徐々に関係をつくっていく。いきなり関係が始まるのではなく、本という媒介項を通して関係がつくられていくのが、読書会のいいところです。

——本があったとしてもコミュニケーションが苦手な方もいると思いますが、どのような工夫をしていますか？

谷川　そうですね。運営をしているときには、そういう人のことを気にしながら司会しています。特に「ターンテイキング」を意識しますね。会話の移り変わりのタイミングを上手くとる、ということです。会話が苦手な人の中には、話し出しのタイミングで躊躇したり、どこで話が切れるのか判断に迷ったりする人も多いと思います。どのタイミングで話を切り出せばいいのか、どのタイミングで話題が変わってもいいのか、話し出すと会話の流れを切ってしまうんじゃないか。こういう心配事を崩すのは、場慣れした人の役割ですよね。だから、不自然でないタイミングを司会が察知して、会話のターンを明示的に渡す。今なされている話を整理した上で、そういう人に「このキャラの行動はどう理解していますか」「今の話だとどっち派ですか」「別の解釈してますか」と、議論についての感想や意見を聞いたりして。他にもいろいろ気をつけることはあると思いますが、司会がこれを意識するだけで、かなり雰囲気が変わる。要するに、自然なタイミングで、あまり話していない人に、内容が明確な話題を振るっていうことですね。

――知っているつもりになっていて、なかなか実践できていないことでもありますね。

谷川　もちろん、「話したくなかったら話さなくていいです」とフォローもした方がいいですよね。今は話さずに考えをまとめたいのかもしれないですし、そもそも、話すことだけが参加だという考えも違うと思います。アクティブリスニングという言葉もあるように、聞くことも立派な参加。それに、話している人も、そこにその人がいるだけで会話内容に影響を受けている。あと、ある程度同じグループで読書会を続けていくと、そこでしか通じない話が出てくる。参加歴が浅い人と馴染みの人とで、ある人や話題を知っている／知らないというズレが生まれるわけです。一個一個はささいなことでも、それが降り積もると新しい参加者にとってはかなり疎外感がありますよね。だから、新しい参加者が来ると、私は意識的に隣や対面などに座って、知らなそうな話題が出たら、補足説明を交えながら小声で雑談をしかけます。「これ、前読んだ本の話ですね。こういう内容のSFなんですけど、これがむっちゃ面白くって……」とか、「以前の参加者で、この小説のキャラと同じ仕事の人がいて、これはその人の話ですね」とか。メインの会話には参加せず、副音声として会話するイメージです。

しょうへい　私も基本的には知らない人がいるときには、一般的な言葉に置き換えてしゃべるようにしますね。仮に、誰かが難しい言葉や専門用語を使ったときには、一度説明を加えるみたいな。問い直すというか。テクニックというほどではないかもしれませんけど。

谷川　自分は知っていることでも、あえて発言者に質問したりするのもいいですよね。本人に説明してもらう。そういうことがしづらかったら、さっき言ったみたいに隣で補足すればいい。ただ、こういう配慮の背景に置かれがちな、素朴なクローズドネス批判には疑いを持ちます。コミュニティはオープンであるべきで、誰でも参加できることこそが大事だという価値観は根強いでしょう。他方で、クローズドなこと自体が悪いわけでもないんですよ。権威主義に陥ってカルト化するのがダメなだけで。内輪であるというのは、私たちは時間と場所を共有してきたし、その歴史があるということです。そういう歴史があるコミュニティでは、安心して言いっぱなし、聞きっぱなしができる。気をつけるべきは、不寛容や無配慮であって、読書会が内輪的になること自体は、避けられないし、避けるべきことでもないんじゃないかと思います。

——読書会などの集まりで、心理的な壁を感じさせないように必要なことは、そういうちょっとした声かけなんでしょうね。簡単そうですが実際にやるのは難しいテクニックでもあります。読書会を始めるときはどんなふうにスタートしますか？

しょうへい　まず、自己紹介はしてもらいます。あとは課題本を読んで、気になった箇所はありますか？　みたいな聞き方をしたりしていますね。どこが面白かったですか？　って聞くと、なかなか話せなくなるので。参加者のこだわりのポイントがどこなのかを知りたい。今集まっている人がどんな人か知ることは、その後の進行のヒントになりますからね。

谷川　読書会の形式にもよると思うんですが、私は、本の内容をざっと振り返ることから始めます。相当前に読んだとか、仕事が忙しいとかで、内容が記憶からスポッと抜けちゃうことってありうるじゃないですか。少し忘れていても解説されると思い出せるから、それをきっかけに会話に参加できる。聞いている間に、読書会で話したいことを考えることもできる。でも、重要なのは会話しやすさより、会話が続くことですかね。哲学者のリチャード・ローティが言うように、会話を続けることが大事だと思いますし、議論を楽しむ姿勢が共有されていれば、会話は続く。会話の継続といっても、「沈黙を避けろ」ということではなく、「誰かの独擅場になったり、誰かが抑圧されたりして、発言しにくい状況にしない」ということです。だからこそ、内輪的な関係性があっても、新規参加者が話しやすい工夫をした方がいいし、より深く読むための知識提供は歓迎すべきでも、知識を自慢するような上からの語り口は避けた方がいい。それと同じ理由ですが、参加者が、ほとんど内容を忘れていたり、実際には読み終えていなかったりしても、知ったふりで参加できるくらいの情報提供はしたい。例えば小説読書会では、しょうへいさんがスライドをつくることがありますよね。そういう工夫があるだけで、発話のハードルはかなり下がります。

——読書会について聞いていて、気になったことがあります。自由に議論する場として「哲学カフェ」という活動がありますよね。専門家だけでなく、市民たちが集まって哲学的なテーマについて対話をする場です。読書会とも関係はありますか？

谷川　「哲学カフェ」や「哲学対話」は、対話自体に明確なルールが設定されていることが普通です。人の意見は否定しない、専門用語を使わない、唯一の結論を出さないとか。主催団体やファシリテーターによってルールは多少違うこともありますが、議論や討論ではなく「対話」を旗印にしているので、割と似ています。こうした活動をまとめて「哲学プラクティス」と呼ぶこともありますが、この種の集まりでは「自分の言葉」を使うことが求められています。哲学者の古田徹也さんが『言葉の魂の哲学』で論じたような話です。常套句を使うことに満足せず、しっくりくる言葉を探して悩むこと、そうした中で言葉を選び取る責任を引き受けることが大切にされている。

倉津　「哲学カフェ」と「読書会」の違いは、具体的に「テキスト」があるかどうかという点だと思います。これは僕の読書会の運営の話になりますけれども、「何でもいいから本の内容について思いつくまま自由に話しましょう」ってなると、あまりよくないと思っているんですね。そこはやっぱり読書会の企画者がある程度、話す内容について仕切る必要がある。もちろん、その方法は企画者によってそれぞれバラバラでいいと思うんですよ。これって結局、コミュニケーション技術の問題で、人によってコミュニケーションの戦略って違うのだと思います。思いついたことをどんどん話すタイプの人もいれば、この表現が適切か考えながら慎重にしゃべるタイプの人もいる。特定の論点をじっくり掘り下げるのが得意なタイプもいれば、話を広げていくのが得意なタイプもいる。それぞれに合った司会の仕方とか、運営の仕方ってあると思うんですよ。「哲学カフェ」に向いている人もいれば、「読書会」に向いている人もいる。僕は具体的にテキストを読むのが好きだし、得意なので、テキストを重視して読書会を運営しているという感じですね。

――「テキストの支配」の話ですね。

倉津　いろんな目的の読書会があっていいと思います。運営する人の個性を大切にしてもいいし、場の雰囲気を大切にしてもいい。例えば、僕が司会の場合は全員に均等に話してもらうみたいな配慮はあまりしないです。話したくない人は話さなくてもいい。僕自身は読書会に積極的に行くタイプではないんです。引きこって孤独に淡々と本を読んでいくのが好き。ただでもね、そういうタイプの人でも、読書会に興味はなくてもテキストには興味があるタイプの人でも、ふと思いつきで参加して、パッと帰れるみたいな。そういう読書会でありたいなあっていうのを常に思っています。本を通じてゆるやかにつながる。テキストが間にあるから個人同士は一定の距離を保っているんだけど、離れつつもつながっているイメージです。そういうのは自然発生的にはできないので、人為的なファシリテーションをする必要があります。

――参加者同士のつながりや本と人とのつながりを演出するのは、企画者の役割かもしれませんね。

倉津　読書会を主催するに当たっては、めちゃくちゃ準備します。主催をするときは、とにかく本を読み込むということですね。もちろん細部を読むんですけれども、意識しているのは構造を読むということ。「この主張には理由が三つある」って書いてあったらちゃんと三つとも探します。だいたいの本には「問い」があって「答え」があります。それに加えて「答えに至る理由」が書いてある文章もある。それらを色分けして区別したりとか。テキストの構造をちゃんと読む、みたいなことをすごく意識します。関連本も目を通しますけれども、あくまで、この目の前に実在するテキストが中心であるというのを大切にしています。例えば、東浩紀さんの『存在論的、郵便的——ジャック・デリダについて』という本は、哲学者のジャック・デリダについて論じた本です。あの本の「問い」っていうのがまず一つあるんですよ。「何故デリダはそのような奇妙なテクストを書いたのか」、この問いをめぐって展開していくんです。この問いが「部分的に説明されたり」とか「問いが三つに分割されたり」とか「その三つの問いの二つは答えられるけど、一つは答えられないまま終わる」とか。この本を読むときには、この問いを中心に置くということが重要です。このようにして、その本における重要な「問い」は何なのかを逃さないようにテキストの構造に注意しながら読んでいます。

——小説はどうなのかなと。

倉津　小説は人文書のようには、構造的に読んでいません。もちろん細かい事実関係や人物相関を正確に把握するのは重要ですが、小説の読書会はもっと参加者の感想を引き出す方に重点を置いています。本を読んだ感想を言い合う。ちょっとゆるく。ただ、これも企画者の個性によると思います。村上春樹が『海辺のカフカ』や『IQ84』で「チェーホフの銃」について書いていました。作中に登場するものにはすべて意味がある、という話です。その構造を正確に読み解いていくという作業は小説においても重要です。

——本を介したコミュニケーションというのは、自然発生的にはなかなか生じないから、司会が大事なんじゃないかという話がありました。もう少し詳しく聞かせてください。

倉津　本を中心に話しましょうという前提を設けても、人はテキストから連想した言葉とか話題からどんどん逸脱していくんですよ。そこを意識してテキストに議論を戻していこうというのが司会者の役目だと思います。でも、これは運営の問題なので個性が出るところだと思いますね。面白い流れになれば、テキストから離れてどんどん広げてもいい。僕自身は読書会では話すことの根拠がテキストにあるっていうのが大事だと思っています。だからできるだけ何ページの何行目に書いてあるこの話題についてしゃべっているというのを伝えるように意識しています。これはとても不自然なコミュニケーションで、読書会に特有のものだと考えています。

――基本的にはテキストのない哲学カフェとテキストがある読書会の違いはなんでしょうか？

倉津　しばりのゆるさですね。哲学カフェで大事なのは「テーマ」だと思うんです。「トロッコ問題について」や「愛とは何か」みたいな話題は自然な会話に近く、話が広がりやすいですよね。それぞれ自由な解釈ができるので、しゃべっていて盛り上がりやすいと思います。それに対してテキストっていうのは、解釈がかなり限定されている。ただし、限定されているから「今何をしゃべっているのか」がわかりやすい。例えば哲学カフェだと、実際に今しゃべっていることについて、運営されている哲学者や参加者が、自分の知識に基づいて議論することになると思います。一方で、読書会では基本的には議論の正しさを、テキストに基づいて判断する。仮に、読書会に著者が参加していたとしましょう。参加者の方は著者の言葉を全て正しいと思って聞かなくて構わないわけです。読書会ではテキストが中心になっているので、「今このようにお話しされましたが、テキストにはこう書いていますね。これはどのような関係になっているのでしょうか」と疑問をぶつけてもいいわけですね。そういった質問は十分にあり得る。これは著者の意見の矛盾を指摘しろという話ではありません。著者が「実はこういう意味で」と説明してくれることで、一見矛盾に見えるものが、実はそうではない、というより深い理解に到達するかもしれません。さらに、参加者は著者の話を聞いた上で、「それでもテキストの方が正しいだろう」って考えてもいい。こういう、ゲームみたいなもんですね。

――なるほど、本を読んでそこに書かれたルールを読み取って議論すれば、その場の著者の言葉にすら勝てるかもしれない。

倉津　著者は参考にする本を誰よりも読み込んでいるので有利ですけど。かといって著者は読書会というゲームにおいては絶対ではないです。読むべきはそこにある具体的なテキストなんです。雑な批評とかによくある話ですけど、テキストをろくに読まずに単にダシにして、自分の思想をえんえんと語っているようなものがありますが、ああいうのはよくないと思います。

——みなさん、ありがとうございました。最後に倉津さんへ「理想の読書会」について聞いてインタビューを終わりたいと思います。

倉津　鶴見俊輔さんが民主主義を「銭湯デモクラシー」という言葉で表現しています。お風呂っていうのは、素っ裸で完全な無防備。無防備状態だから、知らない人が入ってきても、殴り合いにもならないし、殺し合いにもならない。それで一緒に湯に浸かって、しばらくすると勝手に出ていく。こういう読書会は理想かもしれませんね。「銭湯読書会」みたいな。ロールズの用語で言えば「無知のベール」をかぶるみたいなね。そう考えてみるともしかしたら「民主主義とは、読書会デモクラシーである」と言ってもいいかもしれません。

語り合うことの楽しみ、本をめぐる冒険

この座談会では、本について誰かと一緒に話すのってどうしてこんなにも楽しいのだろう？ということについて、仕事もプライベートも関係なくずっと本の話ばかりしている書評家の倉本さおりさんと長瀬海さんをお招きして、著者ふたりも交じって自由に話し合いました。

田中　この座談会では「本の話をするとはどういうことなのか」をテーマにお話ししていきます。プライベートで友達と本の話をするとき、仕事やイベントで本の話をするときなど、誰かと本の話をすることの楽しみについて語りましょう。

竹田　僕と田中さんは、この八年間でいろんな読書会をやってきました。読書会って飽きないんですよね。

田中　不思議なんですよ、飽きっぽい我々が続けている。それがなぜかというのを、今日は考えたい。そこで、読書会をやられている書評家の倉本さんと長瀬さんと一緒にお話しすることにしました。まずは、我々の読書会の話をしましょうか。

竹田　「読むのが大変だけど読まなければいけない」とされる本ってあると思うんです。けれど、どんなに本好きな人でも死ぬまでに全部は読めないわけですよね。でも読書会をすることで少しでも多くの本を読めるようになる。締め切り効果があるから。一緒に本を読んでくれる仲間を募っているんですね。あと僕たちの読書会って田中さんとふたりでやってるから、主催が全肯定しない本も結構取り上げてて。僕も正直に話す。「この本のここがわかりませんでした」とかそういう感想が聞けると楽しい。お客さんにも主催が選んだ本だからとか気にしないで感想を言ってほしい。ネットを見たりしても、意外と正直な感想が出てこないと思うんです。仲間同士でも変な遠慮というか、探り合いと

いうか。特にファンの集いみたいになっちゃうとね。僕は、いろいろな読書好きが集まる場所って感じの読書会が好きかもしれない。

倉本 それはめっちゃわかる。読書会って自分の幼年期、ないし思春期に何を読んでいたかの話が出るときがあるでしょ？ そこで期せずして同時代の共有体験が浮かび上がるときって、ちょっと興奮することないですか？

竹田 ありますあります。それが楽しいですよね。ちょっと感想とか解釈とかで違う意見を持っていた人が、学生時代に好きだった作家が同じだったとか知れると、人間の多様性というか、一つの側面しか見てないなと思ったりしますね。

田中 では次に、長瀬さんと倉本さんが最近やっていたアジア文学のイベントの話をしていただきましょうか。

長瀬 ちょっと前に倉本さんと「最近アジア文学アツくね？」って話をしてたんです。僕も倉本さんもツイッター文学賞って読者投票で年間ベストを決める文学賞にかかわっていて、そこでアジアの文学が最近、ぐいぐい来ているのを肌で感じてた。ちょうどその頃、韓国文学専門の出版社クオンの代表、金承福さんと話す機会があって、毎月連続で読書会できたらいいですよねって話になったんですよ。それで、韓国文学のシリーズ読書会をクオンに提案したら、韓国に限らずアジア文学でやろうって言ってくれた。

竹田 懐が深いですね。どういう形式でやられたんですか？

長瀬 読書会と言っていましたが、最初の一時間くらいは翻訳者の話を聞く時間で、後半にお客さんがどうやって読んできたかを聞きます。こうすることで僕や参加者も勉強になるし、翻訳者も喜んでくれました。あと、課題本を読んでくることを一応条件にしていますが、前半の翻訳者の話があるので全部読んでいなくても参加して楽しめるはず。

倉本　読書会は研究会とは違うんですよね。研究会の場合は、その本について意見や解釈を述べ合うことで理解を深めていくのが目的だから、基本的には読んでこないと会話に参加するのは難しい。でも書評家として、少なくとも自分がやる読書会は、初めて来た人にもある程度楽しんで参加できる場にしたかったんです。そこから広がることっていうのもあると思うので。

竹田　本のタイトルや著者、テーマにひっかかって参加して、その本とかのファンになるとか。

長瀬　普段は小説をぜんぜん読んでない人がなぜか急に台湾文学のイベントに来たりして、どうして参加したいと思ったのかその人に聞くだけで面白い。

倉本　台湾文学で思い出した！『リングサイド』の話してもいい？

田中　いいですよ、もちろん。

倉本　『リングサイド』という、この場を借りてぜひぜひおすすめしたい台湾のプロレス小説がありまして。著者の林育徳は、日本の読者の間でもファンの多い『歩道橋の魔術師』『複眼人』の呉明益に私淑していた人です。この『リングサイド』というのは連作形式の作品集で、例えば「おばあちゃんのエメラルド」という一篇は、プロレスファンにとって唯一無二のヒーロー、故・三沢光晴が台湾で生きていた！　みたいな胸熱な話なんですよ。台湾ではケーブルテレビが盛んなのですが、その黎明期にあたる70〜80年代の非合法なケーブル局では、当時の日本のプロレス番組をビデオ録画したものをそのまま放映していたらしくて。それが大好評だったもんだから、一〇年、二〇年以上前の試合が何度も何度も再放送された結果、主人公のおばあちゃんの中では今でも三沢選手が「生き続けている」という……。ああ、もう話してるだけで泣けてくる（笑）。

長瀬　出てくる人物たちがみんな熱いんです。最初に出てくるのがタイガーマスクのマスクをかぶる男。

竹田　舞台は現代？

倉本　近現代の台湾の歴史をドラマの背景の中に織り込みながら進むお話。読むと台湾という国の姿が見えてくる。それで、この小説の翻訳者である三浦裕子さんという方が、実際に出版が決定する前のタイミングで「アジア文学の誘い」を見に来てくださっていたんです。あとで理由を聞いたら、アジア文学がどれだけ盛り上がっているかを出版社の方に見せるためだったらしいんですよ。

長瀬　読書会の場では書籍のマーケットがどれだけ盛り上がっているのかを目の前で確認できます。あのイベントに来ていたお客さんの中に、そのあとアジア文学関連の本を出した人が何人もいた。イベントきっかけでアジア文学にハマりましたという手紙をいただいて嬉しかったですね。

田中　倉本さんは「はじめての海外文学」という読書会にも登壇していますよね。

長瀬　僕はずっと倉本さんの読書会にお客さんとして参加してたんだけど、「倉本さんってすごい！」と思ってました。

竹田　「はじめての海外文学」には僕も登壇しています。このイベントの構成は少し変わってて、前半に課題本の翻訳者、編集者、ゲストなんかが読書会をしている様子を見せるんです。そのあとに、お客さんも交えての読書会になっていく。そこで倉本さんが司会をしてくれるんですね。とても頼りになります。

長瀬　倉本さんの読書会って、倉本さんと食卓で一緒にしゃべっているみたいな感じがするんですよね。倉本さんもお客さんへの配慮が手厚い。とても参考になります。

倉本　え、なんかめちゃくちゃ褒められてる……？

田中　もしかして、倉本さんからお金もらってます？

倉本　……。（おもむろに財布を取り出す）

一同　笑い

竹田　距離が近い感じありますね。倉本さんがどんどん参加した人たちに質問していくから、お客さんも巻き込んで会場に一体感があります。

長瀬　自然とその空気に飲まれていく感じがありますね。読書会のときはひとりひとりのお客さんを倉本さんが認識していて、仲間って感じをつくり出す。そうするとお客さんの満足度も高い。

竹田　読書会とトークイベントの違いの話ですが、読書会には参加した人が他の人と感想を共有できたという楽しみがあるのかもしれませんね。読書会の方が開かれている感じがあるかも。

田中　読書会の魅力としてはどんなものがありますか？

倉本　単純に楽しいですよね。しっかり読み込んできてくださった参加者の方々との交流はもちろんですけど、着の身着のまま来てくださった方から「そんな文学があるんだ」という素朴な反応をもらえるのもまた嬉しいというか。例えば、今だと韓国文学の翻訳が増えていて、それまで海外文学に興味がなかった方の間でも少し知られるようになっている。韓国文学といえばフェミニズムとか、そういったある種の固定観念に縛られた人もいて、でも実際にパク・ミンギュなんかの作品を読んでみるとぜんぜんそれだけじゃないということがわかる。エンタメとしてもすこぶる面白いっていうことを知ってもらえたり。私はよく日本の同時代の作家と比べちゃうんだけど、そんなふうにして国境を超えた同世代作家の作品を一緒に取り上げて話を広げたり、本当にいろんな観点から語れるんですよね。

長瀬　倉本さんは、作品をいろんなコンテクストの上に置くのが上手いから。現代日本文学に興味なかった人が、同じテイストの作品があるなら読んでみようかとなってくれます。二時間の読書会をしている間に世界が広がる感じはしますね。

田中　長瀬さんはどんなモチベーションで読書会に参加していますか？

長瀬　参加者がただ話を聞くだけじゃなく、自分の考えを共有したりする。そうすると満足度が高くなるっていうのがいいですね。僕は知識で互いが勝負するような場ではない空間にしたいなって思います。研究会とかだと、どうしてもそういうところもあるから。

倉本　そうだね。そういう雰囲気が出ることもある。

長瀬　読書会はひとりのお客さんがノってきて話しすぎちゃうことがあったりするんだけど、倉本さんはそういうとき、ソッと入ってすごく上手く話を切り上げる。安心して参加できる読書会だと思う。

竹田　司会術は大事ですね。友達同士の読書会なら死ぬまでだらだら話しててもいいと思うんですが、公共の場で不特定多数の人と行う読書会の場合は大事ですね。田中さんも上手い。

田中　なんか褒められちゃったんで、そろそろ話題を変えまして、僕たちの読書会での個人的なエピソードをちょっと語ってみましょうか。倉本さんはアジア文学の読書会で印象的だったことありますか？

倉本　チベット文学の読書会で取り上げたのがラシャムジャの『雪を待つ』という、チベットの近現代を映し出す傑作だったんです。その中に登場する人物のひとり、主人公の幼馴染の女の子が大人になったときに、子どもの頃には思いもよらなかった道に進む。天真爛漫なイメージからかけ離れてしまうんですね。その話をしているときに、普段はきっちり正確に内容を紹介していく長瀬くんが急に熱くなっちゃって。よくよく振り返ってみると、長瀬くんが小説の女性キャラクターにひっかかるのって、だいたい同じタイプで……。

田中　傾向が……(笑)。

倉本　いかに書評家としてシュッとしていたとしても、個人的な読書体験って、自分の中の柔らかい部分を直撃しているところがあるんだなあと。

長瀬　だよね。

竹田　はいはい（笑）。

倉本　そんな話で場が盛り上がったり、ドン引きされて笑いが生まれたりするのも面白い。

長瀬　自分の話をすると、お客さんが自分っていうのを受け入れてくれるんですね。同時に、お客さんも自分の話をしやすくなる。そうすると、自分の言葉で語ってくれる人が増えて盛り上がる気がしますね。そこが研究会とは違うかもしれない。個人の体験が共有される場が読書会なので。

竹田　読書会で、読書と生活のことが結びついた話を聞けるとすごく楽しい。

長瀬　そうそう、それありますね。

倉本　あるある。

竹田　読書会を始める前までは、そんな個人的な思い出と読書の思い出を一緒にするのはどうかと思っていたんです。でも、実際に参加すると印象は違って、本がその人にどう影響したかがよくわかった。お店番しててお客さんと本の話をするんですけど、それとはまた違った楽しみがあった。

田中　それは本が中心にあるからだと思います。僕がお客さんでお店に行ったときは、僕としゃべっているわけです。でも、読書会の場では、実は僕とはしゃべってないんですよ。本当は、本と会話しているわけです。

竹田　なるほど。

田中　本と会話している中に、僕の声が入っている。例えば、誰かの話がめちゃくちゃ面白くなかったとするじゃないですか。でも、なんで話がつまらなかったのかっていうのを本に照射すると、それについて考えることがめちゃくちゃ楽しくなる。つまらない話も、楽しい話も、作品を介することで、プリズムのようにいろいろな光が出てくる。読書会ではそういう個人的な話とかが苦痛じゃない。

竹田　受け取る側も変化してる。

編集部　いまの田中さんの話はけっこう重要な気がしますね。本を経由していると、急に女性キャラクターへの熱い想いの話をされたとしても、聞く方も本という前提条件があるから面白く聞けますね。

田中　本との距離感って、人によって違いますよね。例えば、竹田さんはサリンジャーが大好きだから、心臓に作品がくっついている、そういうのがわかるのが面白い。誰かにとってのそういう作品を知れるのも読書会の楽しみですよね。だから何度やっても飽きないのかも。

竹田　仲のよい友達のおすすめ小説を読んでも全然合わないことも多い。かと思えば、仲が悪い人と好きな小説がかぶっていたりとかして。学生時代は結構ありました。僕は大学のときに読書会を初めてやりましたけど。小、中、高のときに読書会があったらなと思います。授業で読書会をやると、読書を好きになる人が増えるような気がしますね。教科書的な解釈じゃなくて、単純に「夏目漱石ってつまらない」とか言える空気が大事というか。先生のファシリテーションの質が問われますけど。

倉本　自分が書評を書きあぐねているときに、その本を評価していない人の話を聞きにいくことがあります。その人の話を聞いてダメだと言われた部分に対して擁護する気持ちがあれば、それが自分にとってよいポイントだってわかる。逆に、そうだよねってなれば、自分の素直な感想を書けばいいから。

田中　この本のこういうところが苦手なんだよねっていう話が盛り上がるときがある。ブログとかSNSだとどうしても短い言葉だったりニュアンスが伝わらないけど、同じテーブルに座って話を聞くと「なんで嫌いなんですか」とか、むしろ聞きたくなる。このモチベーションは読書会独特のものかも。本の話をしているときの楽しいところですね。

長瀬　課題本を読んできてくださいって告知した読書

会に参加費を払ってまで来てくれて、その上で、この本面白くなかったっていう方の感想は、すごく興味がありますす。きっとどうしても話したいって想いがあるだろうから。

倉本 そうだよね。書評家をやっていると、あんまり読書の趣味が合わない人と仕事で本の話をする機会だって当然あるんですけど、会話を重ねることで、だんだんお互いに受け入れられる部分が出てくるようになる。

竹田 似ている例だと、単発でする読書会も面白いですけど、同じメンバーで定期的にやることで、相手の思考がちょっとずつわかってくるってこともありますね。

田中 それで言うと、僕たちはドストエフスキーの連続読書会をしたんですね。みなさんと僕が違うのは、大学が工学部だったんで、文学の話をする機会って学生時代になかったんですよね。そういうのって羨ましいなって思っていたんですけど。それで、ライオン堂で、ドストエフスキーの五大長編を全部読む読書会をやろう、って始めたんです。僕は、文学を人と共有するという思い出がなかったので、まるで世界中でドストエフスキーを読んでいるのが、僕だけのような気がしていたんです。

倉本 あああ！ わかる。

田中 ドストエフスキーという音を発したことがなかったんです。頭の中以外で。風呂場でひとり虚しく言ったことはあったかもしれないけど。

一同 笑い

田中 連続企画の最後『カラマーゾフの兄弟』の読書会が終わったら、ドストエフスキーの長編を全部読んだ人が同じ空間に一〇人いるんですよ。感動しましたよ。本当に、ドストエフスキーを読んでいる人が、実在していたのかって。古典文学って、みんな読んでいるよ、みたいな顔しているけど、実際に誰が読んでいるかわからない。でもその場では確かに、目の前にいる全員が読んでいる。

竹田　読書会では本が好きっていう共通点を持った人が集まってるんだけど、普段出会わない人たちと一冊の本について自由に話せるのがいいですよね。

長瀬　そうそう。大学院で仲間とする勉強会の場合はそういう読書会とは違って、厳しい場だと「ちゃんと○○も読んでんの？」と言われたり、レジュメのつくり方を批判されたりする。それがよい意見のときもあるんだけど、そうじゃないときもある。

田中　でた、マウンティング！

長瀬　もちろん研究会は研究者たちが集まることが多いので、未熟な部分はツッコんであげた方がいいと思います。でも、読書会はそうじゃないですよね。読書会のいいところは、一〇〇冊本を読んで準備してきた人でも、その本しか読んでいない人でも、感想をぶつけ合えるっていうところだと思います。いろんな人の読み方を聞きたいし、知りたい。その本にめちゃくちゃ詳しい人の読み方と初めて読んだ人の読み方に優劣なんてつけられない。そういう場が楽しいし、僕は好きです。

竹田　読書会という場では、「あれも読んでないの？」っていうのはあまりないですね。場合によってはあるかもしれないけど、我々がやっている読書会では聞いたことない。確かに大学とかではよくある話ですね。それも読んでないの？　とか。

田中　いろいろな話で盛り上がったけど、「人と本を語るとはどういうことか」というテーマでも話しておきますか。さっき言ってた、本を通して人を知ろうとすることって結構あるんじゃないかなと思いますね。長瀬さんに不躾に「あなたってどんな人ですか？」って聞くのは失礼だけど、ある作品の感想を聞くことで長瀬さんがどんな人間なのかちょっとわかるような気がする。そういう作品を通した長瀬さんへの質問なら、受け入れてもらいやすい。

竹田　実は、本の話をしているようで、本の話をしていないのかもしれないですよね。

田中　人となりを知れちゃう。それこそ、竹田さんは奥さんに本をあげたんですよね。最初の頃。

竹田　は、はい。休み時間にドストエフスキーを読んでいたから本好きかなと思って。何かのお返しに、本を渡したんですよ。伊坂幸太郎の『重力ピエロ』だったかな。で、それから結構仲良くなった記憶がある。

田中　それは惚気ですか。

竹田　振ったの田中さんじゃん（笑）。でも、続きがあって。後年妻と話したら衝撃の事実が発覚した。僕は、妻がドストエフスキーが好きな変わった人だと思っていた。何週間もずっと読んでいるから。でも、彼女にしたらすごくつまらなくてつらい数週間だったみたいで（笑）。え、嫌いだったの？　って。僕はドストエフスキーをちゃんと好きにならなきゃってプレッシャーかかってたから。

一同　笑い

倉本　「好きなタイプはどんな人ですか？」みたいな話になることってあるじゃないですか。ひと昔前と違って最近はいきなりそんなことを言う人は少なくなったけど。そういうとき、私はいつも「言葉が通じる人」って言ってたんですよ。言葉っていうのは共有の井戸から汲み出す水みたいなものだと思っているから。そのつど柄杓ですくっているだけであって、その根っこは全部つながっている。本って、言葉の用法を基礎づける一番大事なものみたいなところがあるじゃないですか。だから、本の話をしていると、この人とは話が通じるなっていうのがわかってくる。それって単純に用語を知っているとかの問題じゃなくて、ここにある言葉の連なりからそういうふうに引っ張り出してくるんだっていうのが見えるっていうか。

田中　長瀬さんと竹田さんと本の話をするラジオをやってますが、それを感じますね。僕は長瀬さんや竹田さんみたいに文学に詳しいわけではないんだけど、言葉の源泉がつながっているという信頼がある。だから素人なりの言葉で感想を発することができる。その根拠は倉本さんが言っていたことで、同じ言葉なんだけど、井戸から汲む量だったり、汲み方だったりがそれぞれ違うけど。だから、不特定多数が聞く放送中でも、詳しいふたりに感想を投げられる。

倉本　そうそう。読書会ってそういうのが見えるから楽しいし、ちょっと怖い部分もある。

田中　そろそろ時間ですね。イベントの司会の話から、最後の言葉を媒介にしたコミュニケーションまで、いろいろな話題が出ました。読書会だけじゃなくていいから、もっとたくさん誰かと本の話をする機会が増えるとよいなと思いました。本の話をする場をつくる人を応援したいです。

付録

必携・読書会ノート

——コピーして活用しよう

書名・テーマ「　」

読書会の感想

◎自分の意見・他の人の意見・自分と似ていた感想・異なる感想・盛り上がった話題・話し足りなかったこと、などを書く。

キーワード・読みたくなった本

参加メンバー

読書会
ノート

読書会の名称：

年　　月　　日（　　）

本の感想

◎あらすじ・概要・好きなシーンや言葉・キャラクター・連想したこと・重要だと思った主張・きっかけ・気になったこと、などを書いておく。

参加費・持ちもの

よりみち

読書スケジュール

おわりに

この本は、読書会に参加する人や読書会を開催する人を増やすことを目的として書きました。読んでくれたみなさんが、読書会で楽しい時間を過ごすためのヒントや新しい読書会を始めるためのアイデアを見つけてくれていたらうれしいです。しかし、ここまで読んでくれていたとしても、まだ、読書会への不安が解消されていない人もいるでしょう。本書の最後に、もう一つだけ私田中の考える読書会の魅力を、お伝えしたいと思います。ごくごく個人的な、なんでもないエピソードですが、もしかしたら本が好きな方には共感してもらえるかもしれません。

読書会は誰かと一緒に体験する活動ですが、読書は孤独な活動です。好きな小説を読んでいるときも、勉強のために専門書を読んでいるときも、誰かと一緒にページをのぞき込んで同時に読み進めることはありません。

幼いころの記憶をたどれば、絵本を読んでもらった人も多いでしょう。私の経験であれば、母や祖父によく絵本を読んでもらいました。『日本昔話』を読んでもらったような『くまのプーさん』を読んでもらったような、記憶は曖昧ですが寝る前に、家族が絵本の読み聞かせをしてくれました。

もう少し大きくなってからは、小学校の図書室で担任の先生が『ロビンソン・クルーソー』を朗読してくれました。誰かに本を読んでもらった経験はよく覚えています。誰かと一緒に読書をした記憶です。子供の頃、本を通して誰かと同じ風景を共有することが好きでした。

当たり前のことですが、大人になるにつれて読み聞かせをしてもらう機会は無くなっていきます。誰かと共に楽しむものだった読書が、一人で行う孤独な活動になっていったのです。

たった一人で新しい知識を得たり、物語を体験する孤独な読書も大好きです。本を読んでいる間の時間は仕事も忘れて、煩わしい日常も忘れて、とても自由になれます。

それでも、時には寂しくなるのです。子供の頃に経験した、本の楽しさを分かち合うあの時間が恋しくなるのです。私が読書会を続けている理由は、あの思い出の日々が忘れられないからなのかもしれません。

読書会は「孤独な読書」を「みんなの読書」に変えてくれる場所なのだと思います。そして読書会の魅力は、その孤独が共有に変わる瞬間にあります。自分の読み取った知識がその場にいる他人の言葉とつながり、自分の感じた感情がその場にいる他人の心とつながっていくのです。

たった一人で本を読み続けられる人にとっては、読書会は必要のないものなのかもしれません。しかし、私と同じように時には誰かと読書の楽しさを共有したいと思う人にとっては、読書会はとても楽しい時間になることでしょう。

もしあなたが、一冊の本を読んでいるとき寂しさを感じることがあれば、読書会に参加してみてください。もしかしたら、孤独な心が解きほぐされるかもしれません。

田中佳祐

著者紹介

竹田信弥（たけだ・しんや）

東京生まれ。双子のライオン堂書店の店主。文芸誌『しししし』編集長。NPO法人ハッピーブックプロジェクト代表理事。著書に『めんどくさい本屋』（本の種出版）、共著に『これからの本屋』（書肆汽水域）、『まだまだ知らない 夢の本屋ガイド』（朝日出版社）、『街灯りとしての本屋』（雷鳥社）など。FM渋谷のラジオ「渋谷で読書会」メインパーソナリティ。好きな作家は、J.D.サリンジャー。趣味はラジオを聞くこと。

田中佳祐（たなか・けいすけ）

東京生まれ。ライター。ボードゲームプロデューサー。NPO職員。たくさんの本を読むために、2013年から書店等で読書会を企画。編集に文芸誌『しししし』（双子のライオン堂）、著書に『街灯りとしての本屋』（雷鳥社）がある。企画したボードゲームは「アメリカンブックショップ」「虚飾で彩られたカラス」など。好きな作家は、ミゲル・デ・セルバンテス。好きなボードゲームは、アグリコラ。

◎イラストレーション：くれよんカンパニー
◎ブックデザイン：小川 純（オガワデザイン）

読書会《どくしょかい》の教室《きょうしつ》
——本《ほん》がつなげる新《あら》たな出会《であ》い　参加《さんか》・開催《かいさい》・運営《うんえい》の方法《ほうほう》

2021年12月15日　初版

著　者　竹田信弥＋田中佳祐
発行者　株式会社晶文社
東京都千代田区神田神保町1-11　〒101-0051
電　話　03-3518-4940(代表)・4942(編集)
URL　https://www.shobunsha.co.jp
印刷・製本　株式会社太平印刷社

ISBN978-4-7949-7289-7　Printed in Japan